MITTELDEUTSCHE
INDUSTRIELANDSCHAFTEN
IM 19./20. JAHRHUNDERT

Marina Ahne / Monika Gibas (Hg.)

MITTELDEUTSCHE INDUSTRIELANDSCHAFTEN IM 19./20. JAHRHUNDERT

Außendarstellung, Fortschrittsglauben
und regionale Identifikation

mitteldeutscher verlag

Coverabbildung: Detail eines Wandgemäldes von Herbert Hegenbarth (© Technik-museum Magdeburg)

Bibliografische Information der Deutschen Nationalbibliothek
Die Deutsche Nationalbibliothek registriert diese Publikation in der Deutschen Natio-nalbibliografie; detaillierte bibliografische Daten im Internet unter http://d-nb.de.

2017
© mdv Mitteldeutscher Verlag GmbH, Halle (Saale)
www.mitteldeutscherverlag.de

Gesamtherstellung: Mitteldeutscher Verlag, Halle (Saale)

ISBN 978-3-95462-719-6 (Buchhandelsausgabe)

Printed in the EU

Inhalt

▨ Vorwort

Lange hat es gebraucht, bis das Land Sachsen-Anhalt erkannt hat, dass seine Industrialisierungsgeschichte und Industriekultur trotz der gravierenden Veränderungen der Industrielandschaft nach 1990 für die hier lebenden Menschen immer noch eine hohe Bedeutung haben. In der Industrie, dem Handwerk und der Landwirtschaft sind gerade in der mitteldeutschen Region Unternehmerinnen und Unternehmer, Arbeitnehmerinnen und Arbeitnehmer über mehr als 200 Jahre aktiv, haben Werte geschaffen und stehen für das, was unser Land heute ausmacht. Daher hatte und hat die Industriekultur für sehr viele Bürger ein hohes Identifikationspotenzial. Haben sie doch nach 1990 den Abbau ihrer Arbeitsplätze verkraften müssen und sind vielfach in die Arbeitslosigkeit gegangen. Ihre neuen Arbeitsmöglichkeiten fanden die ehemaligen Industriearbeiterinnen und -arbeiter im Dienstleistungssektor und in der Verwaltung, aber nur sehr eingeschränkt in der Industrie. Darauf musste man sich relativ kurzfristig einstellen. Das waren tiefe Einschnitte in persönliche Lebensplanungen. Viele Bürgerinnen und Bürger Sachsen-Anhalts mussten sich gewissermaßen neu erfinden. Die Industrieentwicklung Sachsen-Anhalts, die sie mitgestaltet haben, bleibt aber Teil ihrer Biografie und damit ihrer individuellen Erinnerungslandschaft.

Das Technikmuseum Magdeburg ist Mitbegründer der „Mitteldeutschen Gesellschaft für Industriekultur in Sachsen-Anhalt". Wir versuchen einerseits Artefakte der technikhistorischen Vergangenheit und damit die Erinnerung an die traditionsreiche Industriekultur Sachsen-Anhalts zu bewahren. Wir wollen aber dieses Wissen über die Industrie- und Technikgeschichte vor allem an jüngere Generationen weitergeben, denn unser Antrieb lautet: „Ohne Herkunft, keine Zukunft." Das Kultusministerium hat 2015 für ein Jahr einen Engagement-Botschafter Kultur Sachsen-Anhalt für Industriekultur und Museen berufen. Das sind Signale aus der Politik, die die Hoffnung zulassen, dass es zu einer Aufwertung der Industriekultur in unserem Land kommt. Daher sehe ich es als äußerst positiv an, dass auch an der Otto-von-Guericke-Universität Magdeburg Projekte zur Industrie- und Technikgeschichte in Angriff genommen wurden.

Das Fachgebiet „Geschichte und Öffentlichkeit" am Fachbereich Geschichte der Otto-von-Guericke-Universität Magdeburg, das Frau Dr. Monika Gibas seit 2012 leitet, realisiert erfolgreich das als Pilotprojekt angelegte Lehrformat „Lernorte – Geschichtsvermittlung in der

Mediengesellschaft". Es ermöglicht Studierenden neben der Aneignung theoretischen und methodischen Basiswissens, des Handwerkszeugs des Historikers, vor allem den Erwerb praktischer Fähigkeiten, um erste eigene Forschungsergebnisse zu historischen Themen der interessierten Öffentlichkeit zu präsentieren. Neben mehreren Ausstellungsprojekten sowie Aufsätzen zum Thema Erster Weltkrieg, die u. a. Aspekte der Kriegsindustrieentwicklung in unserer Region beleuchten, haben sich Studierende in diesem Kontext auch mit der Geschichte der Identifikation der Menschen der Region mit der Industrialisierung Sachsen-Anhalts beschäftigt. Ihre Forschungsergebnisse zur langen Geschichte der Bewerbung wichtiger Industrieregionen unseres Bundeslandes sind in diesem Band versammelt.

Gerhard Unger
Museumsleiter Technikmuseum Magdeburg, Engagement-Botschafter Kultur Sachsen-Anhalt für Industriekultur und Museen

Monika Gibas

Industrielandschaften Mitteldeutschlands – Raumleitbilder als Identifikationsangebote in Zeiten gesellschaftlichen Wandels

Die Kommunikation von Werten in volkspädagogischer Absicht mit dem Ziel kollektiver Sinnstiftung durch deutungsmächtige Eliten geschieht auch über den Weg der Projektion von Werten auf Räume. Gerade die diskursive Konstruktion von „Heimat" oder „Nation" verbindet Wert und Raum eng miteinander, macht durch diese Raumbindung den Wertekanon, der kommuniziert werden soll, erst anschaulich. Die Nutzung der Kategorie Raum als Transportmedium für einen bestimmten Wertekanon in den Identifikationsangeboten regional, national oder transnational orientierter Sinnstifter trägt dieser Tatsache Rechnung. Dabei können verschiedene Individuen und Milieus ganz unterschiedliche Raumwahrnehmungen des gleichen Territoriums haben, je nach ihrer spezifischen lebenspraktischen Orientierung. Daraus erwachsen dann auch unterschiedliche, zuweilen konkurrierende Raumdeutungen und -visionen. Relevanz für gesellschaftliche Entwicklungswege erlangen solche Raumdeutungen, die sich im jeweiligen Gruppendiskurs als dominierende Erzählungen über längere Zeit hinweg durchsetzen. Das können Deutungen von engeren „Heimaten" sein, wie Dorf, Stadt oder Region, aber auch Deutungen von „Nation", oder „Vaterland", in geografisch weitausgreifenden Diskursen: „Europa"[1] oder sogar „der Planet Erde" als „Heimat der Menschheit". Das Argumentieren mit verschiedenen Raumleitbildern als Identifikationsangebote für Bevölkerungsgruppen begleitete den Prozess der Modernisierung der europäischen Gesellschaften seit dem Ausgang des 18. Jahrhunderts. Denn die Darstellung von Räumen als „unberührte Natur", als „schöne (Kultur)Landschaft" oder als „vertraute Heimat" bildete – neben solchen Wertsetzungen wie „Treue" (zu) „Volk" und „Vaterland" – das mentale Fundament, auf dem sich auch ein neues Selbstbild als Angehörige „einer Nation" entwickeln konnte.

Der den Band einleitende Beitrag will Deutungen von *Industrielandschaften* in deutschen Identitätsdiskursen des 19. und 20. Jahrhunderts nachspüren. Der Blick richtet sich dabei auf den als kulturelle „deutsche

Mitte", in späteren Identitätsdiskursen dann auch als „Mitteldeutschland" konnotierten Großraum und seine lokalen und regionalen, national ambitionierten Selbstbilder. Es geht um die raumbezogenen Deutungsmuster jenes Stranges des Sinnstiftungs- und Wertediskurses, der Industrialisierung und Technisierung der Lebenswelt – trotz ihrer ambivalenten sozioökonomischen Implikationen und der sie begleitenden ästhetischen An- und Zumutungen – fortschrittsoptimistisch bewertete. Dabei steht der Zeitraum seit Mitte der 1920er Jahre im Zentrum der Erörterung, da sich hier das neue Deutungsmuster als stabiles, mentales Grundmuster innerhalb der deutschen Gesellschaft etablieren konnte. Es bildet seit dieser Phase der Hochindustrialisierung über die politischen Systemwechsel 1933, 1945 und 1989/90 hinweg die zentrale handlungsleitende Hintergrundideologie der modernen deutschen Industriegesellschaften.

„... die Teutsche Industrie zu beleben": Industrielandschaften als Wertelandschaften in Diskursen des 19. Jahrhunderts

Im Jahr 1793 beklagt der Weimarer Verleger, Manufakturbetreiber und Investor Friedrich Justin Bertuch, einer der ganz frühen Protagonisten der deutschen Industrialisierungsdebatte, Deutschlands Rückstand bei der Mechanisierung der Produktion im Vergleich zu Frankreich und insbesondere zu England. Die „großen englischen mechanischen Verrichtungen" machten englische Fabrikwaren billiger als deutsche, stellte er fest. Für die Deutschen seien sie darum auch „[...] so außerordentlich empfehlend und anlockend, daß das Wort Englisch, englische Waare, schon dermalen einen unwiderstehlichen Zauberreiz für uns hat, und beynahe ein Synonym der Vollkommenheit und Schönheit bey Werken des Kunstfleißes worden ist." Er entwickelt die Idee, sogenannte Landes-Industrie-Institute als gemeinnützige, öffentliche oder private Anstalten einzurichten. Diese Institutionen sollten vor allem auch Werbung für die Forcierung der Industrialisierung betreiben.[2]

Bertuchs Engagement gehörte zu einem an der Wende vom 18. zum 19. Jahrhundert einsetzenden und sich über Jahrzehnte erstreckenden Selbstverständigungsprozess des deutschen Wirtschaftsbürgertums über die Industrialisierung. In ihm setzte sich erst allmählich die Überzeugung durch, es mit einem Prozess kontinuierlichen wirtschaftlichen Fortschritts zu tun zu haben, der letztlich der entscheidende Input für die weitere Entwicklung der bürgerlichen Gesellschaft war.[3] Seit den 1830er Jahren, verstärkt dann im Vormärz, drängten Wirtschaftsbürger in Regionen wie dem Rheinland und Sachsen auf beschleunigte Industrialisierung. Die forcierte Industrialisierung, die in Deutschland dann im letzten Drittel des 19. Jahrhunderts einsetzte, war also vorbereitet durch einen Kommunikationsprozess, in dessen Kontext schließlich auch die Idee einer „nationalen Gesamtindustrie" und das Leitbild einer „industriell eigenständigen Nation" formuliert worden sind.[4]

Spätestens seit 1819, als in Paris mit dem „Fest der Industrie" die Repräsentationsform der Ausstellung nach der Welt der Kunst nun auch die Welt der Wirtschaft zu erobern begann, war der Industrialisierungsdiskurs zugleich ein Identitätsdiskurs. Seit Mitte des 19. Jahrhunderts propagierten lokale, regionale und nationale Gewerbeschauen[5] und seit 1851 auch die Weltausstellungen[6] technischen Fortschritt und Industrialisierung. Auf der ersten Weltausstellung in London 1851, die Großbritanniens Rolle als „Werkstätte der Welt" krönte, auf der sich aber schon der spektakuläre Aufstieg der Vereinigten Staaten von Amerika zur führenden technischen Nation ankündigte, zeigte sich auch Deutschland entschlossen, zu industrialisieren.[7] Der deutsche Architekt und Kunsttheoretiker Gottfried Semper[8] sprach davon, dass der die Zeit charakterisierende Geist in der Durchdringung von Wissenschaft, Industrie und Kunst bestehe.[9]

Im linken und linksliberalen gesellschaftsanalytischen Denken galt die Entwicklung von Industrie und Technik seit dem 19. Jahrhundert und noch bis weit in die zweite Hälfte des 20. Jahrhunderts hinein als „Sprengmaschine für den traditionellen Staat" und wurde als wichtigster Fortschrittsmotor begrüßt.[10] Auch Karl Marx und Friedrich Engels, die Autoren des „Kommunistischen Manifest", der berühmtesten antikapitalistischen Streitschrift, feierten diese Entwicklung im Jahre 1848 als revolutionäre, weltbewegende Leistung der Bourgeoisie. Die Bedeutung des Wirtschaftsbürgertums als Zivilisationsfaktor unterstreichend, heißt es da: „Die Bourgeoisie hat in ihrer kaum hundertjährigen Klassenherrschaft massenhaftere und kolossalere Produktionskräfte geschaffen als alle vergangenen Generationen zusammen. Unterjochung der Naturkräfte, Maschinerie, Anwendung der Chemie auf Industrie und Ackerbau, Dampfschifffahrt, Eisenbahnen, elektrische Telegraphen, Urbarmachung ganzer Weltteile, Schiffbarmachung der Flüsse, ganze aus dem Boden hervorgestampfte Bevölkerungen – welch früheres Jahrhundert ahnte, daß solche Produktionskräfte im Schoß der gesellschaftlichen Arbeit schlummern."[11]

Neben professionellen Gesellschaftsanalytikern, neben technikbegeisterten Künstlern, Kunsthistorikern oder Schriftstellern, die im Sog der industriekapitalistischen Moderne visionäre Bilder von technischer Zivilisation und industrieller Wohlstandsgesellschaft entwarfen,[12] kommunizierten vor allem auch Unternehmer, Ingenieure, Natur- und Technikwissenschaftler, die eigentlichen Protagonisten der Industrialisierung, im Kontext neuer Raumdeutungen hochengagiert einen neuen Wertekanon, der dem tradierten Verständnis von „Kultur" als vor allem klassischer, historisch-literarischer und künstlerisch-ästhetischer Bildung nun Gleichberechtigung fordernd an die Seite trat. Wissenschaftlicher Erfinder- und industrieller „Pioniergeist" sowie „deutsche Wertarbeit" galten in diesem Verständnis als die wesentlichen Produzenten und Zugmaschinen des gesellschaftlichen Fortschritts. Das Wirtschaftsbürgertum war also schon früh aktiv an dieser Umcodierung des gesellschaftlich gültigen Wertehimmels und Tugend-Kanons beteiligt.[13] Sie waren nicht nur „Macher" der Industrialisierung. Auch als neue Deuter der Zeitläufe entfalteten sie eine geradezu missionarische Kommunikation, bemühten sich um die dauerhafte Verankerung ihrer eigenen Wertvorstellungen, Weltbilder und Zeitdeutungen im gesellschaftlich anerkannten Wertekanon.[14] Sie propagierten das Bild einer auf Naturwissenschaft und Technikentwicklung basierenden modernen Gesellschaft, in der sich die Lebensbedingungen der Menschen stetig verbessern würden. Dabei wurden nicht nur die neuen, lebenserleichternden Technikleistungen herausgestellt. Geworben wurde auch für die Akzeptanz der sich immer mehr ausbreitenden neuen Lebensräume des Industriezeitalters, für Fabriken und Industrielandschaften.

Zum einen richteten sich die Protagonisten dieses neuen Wertediskurses an die Bevölkerung in den Räumen der Industrialisierung selbst, den allmählich wachsenden regionalen Industriezentren. Aber auch für diesen Wertediskurs, der sich zunächst als ein von regionalen Eliten ausgehender, auf eine bestimmte Industrieregion bezogener Diskurs entfaltete, war spätestens mit der Zäsur von 1871 der Nations-Diskurs ein wichtiger Referenzraum.[15] Die neuen Tugenden, wie Erfinder- und Unternehmergeist, galten nun als wesentlicher Beitrag zur Entwicklung der gesamten Nation. Die Gestalter der Industrialisierung und Modernisierung, Wissenschaftler, Unternehmer, Ingenieure und Techniker wurden als Heroen der neuen Zeit gefeiert und durch Aufnahme in den Kanon der nationalen Repräsentations- und Erinnerungskultur geadelt.[16] Die Feier der Industrie- und Technikentwicklung wurde zu einem festen Topos innerhalb des sich ausdifferenzierenden bürgerlichen Wertediskurses. Die normative Kraft des Faktischen, also die neuen Chancen und Lebensqualitäten, welche die industriegesellschaftliche Moderne immer mehr Menschen eröffnete, hatte schon seit dem Kaiserreich durchaus einen breiten gesellschaftlichen Konsens der Bejahung der technischen und industriellen Entwicklung zur Folge.[17] Vor allem in den Verdichtungsräumen der Industrialisierung und der Herausbildung der kapitalistischen Arbeits- und Massengesellschaft entwickelte dieser sozioökonomische und mentale Wandlungsprozess ein atemberaubendes Tempo.

Die neuen Leitbilder sollten auch eigene Formen und Räume der Repräsentation erhalten. So verbanden zum Beispiel Chemnitzer Unternehmer schon im Jahre 1827 ihre Forderungen, der Industrialisierung als dem ihrer Meinung nach für Sachsens Zukunft unverzichtbaren Entwicklungsweg staatlicherseits mehr Aufmerksamkeit und Unterstützung zukommen zu lassen, mit Vorschlägen zur Repräsentation der Industrialisierung. Sie entwickelten in einem der Regierung des Königreiches Sachsen unterbreiteten Vorschlag zur Beförderung der Industrieentwicklung die Idee, ein Industriemuseum zu gründen. Damit sollten Kraft und Wert der sächsischen Industrie herausgestellt werden, die ein Drittel der Bevölkerung Sachsens ernähre, so die Begründung dieses Ansinnens. „Die sächsische Industrie ist ein Kind der Natur, nicht der künstlichen Schöpfung […]. Sie verdient so nach vom Patrioten, sowie vom Staatsmann und Finanzier gleiche Aufmerksamkeit […]", argumentierte eine Denkschrift aus dem Jahr 1827.[18] Dieser Diskurs, der technische Erfindungen, die Ausbreitung von Industrielandschaften und die Urbanisierung als Zeichen der Modernität der Nation deutete, dominierte schließlich die Debatten um die Vor- und Nachteile der Industrieentwicklung in Deutschland. Am Vormarsch dieses Deutungsmusters konnte letztendlich auch die Fin-de-siècle-Stimmung, die sich um die Jahrtausendwende vom 19. zum 20. Jahrhundert unter europäischen Intellektuellen und Künstlern ausbreitete und die sich bei verschiedenen neuen politischen Bewegungen in Deutschland nach 1914/18 letztlich zur radikalen Kritik an der westlichen Zivilisation steigerte,[19] nichts ändern. Auch diese Kritik war ja nicht immer auch Kritik des technisch-industriellen Fortschritts.[20]

„Mitteldeutschland": Das „neue industrielle Herz des Reiches"

Das Deutungsmuster der Industrialisierungsbefürworter gewann in Deutschland endgültig mit der Epochenzäsur des Ersten Weltkrieges an Akzeptanz. Zwar hatte dieser Krieg die Phase der Wirtschaftskonjunktur seit 1895, in der Deutschland in die Spitzengruppe der Industrieländer aufstieg, jäh beendet und vernichtete Menschenleben und materielle Ressourcen in einem bis dahin nicht gekannten Ausmaße. Aber er war auch eine Prüfung der Wirtschaftspotenz der beteiligten Staaten, ihrer Flexibilität bei der Umstellung auf die Bedürfnisse dieses ersten modernen Massenkrieges, der zur Materialschlacht wurde. Der Erste Weltkrieg trieb so die Technisierung der militärischen Kriegsführung und mit ihr den Strukturwandel der Wirtschaft voran.[21] Er demonstrierte vor allem die Bedeutung moderner Industrien, wie etwa der optischen Industrie und der Chemieindustrie im kriegerischen „Wettstreit der Nationen".

Diese Erfahrung war es vor allem, die in den Nachkriegsjahren Technisierung und forcierte Industrialisierung als wichtigste Ressourcen des „nationalen Wiederaufstiegs" und der Rückgewinnung „nationaler Stärke" erscheinen ließ. Industrielandschaften avancierten in diesem Kontext zu „Kernzonen" oder gar „Herz-Landschaften" der Nation. Selbst die Naturschutzbewegung in Deutschland, ein Kind des beschleunigten Raumwandels seit dem 19. Jahrhundert, war nicht grundsätzlich industrialisierungsfeindlich. Es ging vielmehr um die materielle Repräsentation von älterer und ökonomisch obsolet gewordener Natur, um Archivierung von Natur- und alten Kulturlandschaften in angemessenen Dimensionen, nicht um die Verhinderung von Raumneugestaltung im Zuge der weiteren industriegesellschaftlichen Modernisierung Deutschlands. Auf der Agenda der Natur- und Landschaftsschützer stand vielmehr die Suche nach Vereinbarkeit von Industrieentwicklung und Landschaftsschutz.[22]

Nach dem Ersten Weltkrieg waren im Kontext der Weimarer Reichs- und Territorialreformpläne zahlreiche Deuternetzwerke aktiv, die Ideen für eine neue Struktureinheit „Mitteldeutschland" entwickelten.[23] Prominente Disputanten waren der „Wirtschaftsverband Mitteldeutschland e. V."[24] und die „Akademie für Gemeinnützige Wissenschaften" zu Erfurt[25], aber auch verschiedene Provinzialverwaltungen, Handelskammern und Verkehrsverbände. Sie präferierten in ihren jeweiligen Konstruktionen zwar unterschiedliche Grenzen, „Kernzonen" und Hauptstädte dieses neuen Raumgefüges.[26] Alle Protagonisten der Diskussion waren sich aber in der Zielsetzung einig: Mit der neuen Raumeinheit „Mitteldeutschland" sollte die bestehende Zersplitterung der „deutschen Mitte" in Einflussbereiche unterschiedlicher Landesadministrationen und Verwaltungsbezirke aufgehoben werden, um der Wirtschaftsentwicklung in diesem Raum optimale Rahmenbedingungen zu schaffen. So heißt es 1925 im Vorwort zu einer der frühen Denkschriften zur Begründung der Werbeaktivitäten für die neue Struktureinheit, dass die Bedeutung dieses in aufstrebender Entwicklung befindlichen Bezirkes für die deutsche Wirtschaft und für den Wiederaufbau ihrer weltwirtschaftlichen Beziehungen weiten Kreisen des In- und Auslandes nicht bekannt sei. Daher sei es das Ziel der Herausgeber und Unterstützer dieser Schrift, „[...] ein wirtschaftskundliches Dokument des mitteldeutschen

Wirtschaftslebens zu schaffen und dadurch mitzuarbeiten an der Fortentwicklung Mitteldeutschlands, des neuen Zentrums deutschen Fleißes."[27] Solche Mitteldeutschland-Visionen waren nicht selten flankiert von weit ausgreifenden historischen Argumentationen, vorgetragen von Fachhistorikern oder Heimatforschern. Sie entwarfen Bilder von einer langen gemeinsamen Geschichte, Kultur- und Wirtschaftsentwicklung dieses Großraumes.[28] Dabei riefen diese „Mitteldeutschland"-Visionäre auch das facettenreiche, national bedeutende kulturelle Erbe dieser Großregion auf, personifiziert in solchen, schon seit Mitte des 19. Jahrhunderts zu nationalen Erinnerungsorten stilisierten Gestalten wie Luther und Goethe, Bach und Händel. Sie nutzten also den gesamten Bestand des kulturellen Erbes der Großregion als Ressource und suggerierten so einen weit in die vorindustriellen Geschichtsepochen zurückreichenden gemeinsamen Traditionsbestand, der die Neugliederungsvorschläge als sich logisch aus dieser Entwicklung ergebende Konsequenz erscheinen lassen sollte.[29] „Mitteldeutschland" war in solcher Perspektive national bedeutendes Zentrum deutscher Kunst und Kultur vor allem aber herausragendes Wirtschaftszentrum der Nation.

Die Vorstellung von der Möglichkeit harmonischen Nebeneinanders von Industrielandschaften, Kultur und „schöner Natur" findet sich, vor allem in vielen Veröffentlichungen von Tourismus- und Verkehrsverbänden der 1920er Jahre. In einer vom Sächsischen Verkehrsverband Leipzig und Dresden im Jahre 1926 herausgegebenen kleinen Reihe von Bildbänden mit dem Titel „Das schöne Sachsen" argumentiert der Einleitungstext ganz im Sinne dieser Idee von der Vereinbarkeit von Wirtschaft und Natur. Während im Bildteil noch Naturaufnahmen dominieren und lediglich zwei Fotografien Industrieanlagen zeigen (Kohleförderung bei Freital und Blick auf die Elbe bei Riesa mit Industrieschornstein im Hintergrund), preist der Autor im einleitenden Text schon das harmonische Nebeneinander von Natur und Industrie: „Unermüdlicher Fleiß, Sorgfalt, Reinlichkeit, die Fähigkeit steter Anpassung an die Bedürfnisse anderer und die eigene Genügsamkeit sind Kennzeichen aller Bewohner des Sachsenlandes, ohne die weder seine Zivilisation noch seine ihm eigenen Werte zu denken sind. Daher hat die außerordentlich stark entwickelte Industrie weder auf dem flachen Lande noch bis hinauf in die Gebirgstäler schlechthin unschöne Bilder entstehen lassen. Bricht doch das Grün der Wiesen, Auen und Wälder überall noch so stark durch, daß es Fremde gibt, die trotz längeren Aufenthalts im Lande meinen, die eigentlichen Mittelpunkte der sächsischen Industrie noch nicht kennengelernt zu haben, obwohl sie bereits in Chemnitz, Dresden, Leipzig, Plauen und Zittau gewesen waren."[30]

Als erwähnenswerte Ressource Sachsens wird auch die enge Verbindung von Wissenschaft und Industrie hervorgehoben, die sich in zahlreichen Fachschulen aller wirtschaftlichen und technischen Gebiete in Anlehnung an den überlieferten Haupterwerbszweig des betreffenden Ortes etabliert hätte. Der Autor verweist vor allem auf die chemische Industrie Sachsens als ein Zeugnis für die Modernität dieser Industrielandschaft.[31] Oft hielten Autoren solche Argumentationsschleifen, die auf Kultur und Naturschönheiten der vorwiegend industriell geprägten Räume abhoben, aber auch für unnötiges Beiwerk, wie eine 1927 erschienene kleine Heimatgeschichte belegt. Sie beleuchtet die Entstehung einer jungen, erst zu Beginn des zwanzigsten Jahrhunderts im Raum Bitterfeld entstandenen Industrielandschaft im heutigen Bundesland Sachsen-Anhalt. Das Bändchen „Golpa-Zschornewitz im Wandel der Jahrhunderte" stellt die Region um ein neues Großkraftwerk vor. Der mitten im Ersten Weltkrieg 1915/16 in die Heidelandschaft zwischen Wittenberg und Bitterfeld gebaute Elektroindustriekomplex wurde in dieser Heimatgeschichte nicht als ein die ursprüngliche Kulturlandschaft zerstörender Fremdkörper dargestellt. Vielmehr schildert der Autor, der Pfarrer Friedrich Schenke, den Wandel der alten Agrar- zur Industrielandschaft geradezu als eine Art Erweckungsgeschehen. Er beschreibt eine stille, abgelegene Heidelandschaft, einen wenig fruchtbaren Landstrich mit „üppigem Gestrüpp" an „sumpfigen Waldwiesen". „Flache Sandhügel, von Kiefern bestanden, das ist das einzige Charakteristische, was die Gegend bietet. Meist ist der Wald trocken, schwach gewachsener, stark gelichteter Bauernwald. [...] Gering ist auch der Ertrag der stark sandigen Äcker und Waldungen."[32] Auch an kulturellen oder politischen Ereignissen sei die Geschichte dieser Gegend arm. „So vollzogen sich die großen Ereignisse der Geschichte außerhalb unserer Gegend"[33], resümiert der Autor seinen Gang durch die Geschichte. Aus Eintönigkeit und Jahrhunderte währender Bedeutungslosigkeit sei dieser Landstrich erst mit dem Einzug der Industrie erwacht. „Mit einem Male wurden die Walddörfer aus ihrer Stille herausgerissen und zum Mittelpunkt einer gewaltigen Industrie, der Elektrizitätsversorgung Norddeutschlands gemacht. Heute erhebt sich das stolze Kraftwerk auf Zschornewitzer Flur mit seinen elf einhundert Meter hohen Schornsteinen, die ein Wahrzeichen unserer Gegend geworden sind, und sendet seinen geheimnisvollen Strom nach allen Himmelsrichtungen."[34] Wie weit sich der Mentalitätswandel hin zur Akzeptanz der industriegesellschaftlichen Moderne und ihrer neuen Ästhetik im Deutschland der 1920er Jahre schon vollzogen hatte, zeigt eine interessante Nuance dieser Mitteldeutschlanddebatten. Vom 2. bis zum 4. Januar 1927 fand in Wolfen die erste Tagung von Pfarrern aus Industriegemeinden Mittel-

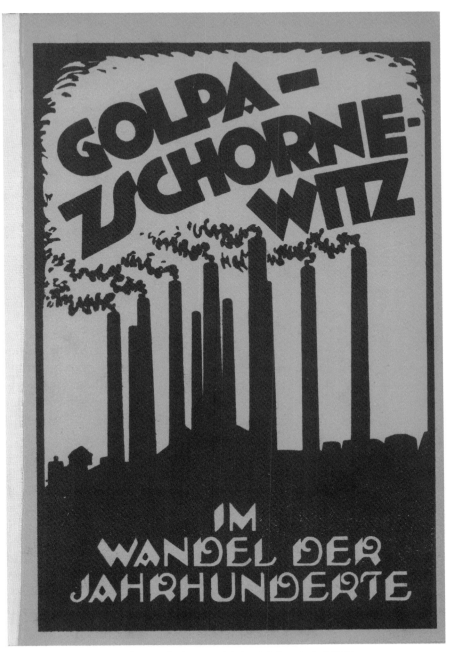

Buchcover von „Golpa-Zschornewitz im Wandel der Jahrhunderte", 1927

deutschlands statt. Man traf sich hier in Wolfen, einem Industriedorf mit zwei chemischen Großfabriken der I.G. Farben-Gruppe mitten in alter Braunkohlelandschaft des Bitterfelder Reviers, um das Thema „Kirche und Industrie" zu erörtern.[35] Es ging den Disputanten um eine Selbstverständigung darüber, was die Industrialisierung und ihre Folgeerscheinungen – der gravierende Wandel der einstigen Agrar- und Gewerbelandschaften und die damit verbundenen Bewusstseinsveränderungen der Menschen, die in ihnen lebten – für die Religiosität als einstmals mentalitätsbestimmendem Grundmuster bedeuteten. Die Teilnehmer erörterten, welche neuen Aufgaben sich aus dem sichtbaren Verlust religiöser Bindungen bei immer mehr Bewohnern ihrer Gemeinden für die Vertreter der Kirche ergaben. Neben Pfarrern verschiedener Industriegemeinden, die ihre Erfahrungen schilderten und Vorschläge zur Anpassung der Gemeindearbeit an die neuen Verhältnisse unterbreiteten, traten auch ein Abteilungsleiter der Industrie- und Handelskammer Halle und ein Vertreter der Wolfener Chemieindustrie mit Vorträgen über das mitteldeutsche Wirtschaftsleben und „Das Weltbild des Technikers"[36] auf. Der Nationalökonom und Regionalhistoriker Erich Neuß (1899–1982),[37] wissenschaftlicher Mitarbeiter und Leiter der Außenhandelsabteilung bei der Industrie- und Handelskammer in Halle, referierte ausführlich zur Industrialisierungsgeschichte Mitteldeutschlands. Er nahm vor allem die Entwicklung im Regierungsbezirk Merseburg in den Blick. Hier hatte seit Mitte des 19. Jahrhunderts die Braunkohleindustrie und seit dem Ersten Weltkrieg immer stärker die chemische Großindustrie Auswirkungen auf Landschaft, Wirtschafts- und Bevölkerungsstruktur gezeigt.[38] Neuß skizziert die Wandlungen der Großregion, die sich nach 1914/18 zu einem für Deutschland bedeutenden Wirtschaftszentrum der chemischen Großindustrie entfaltete sowie die durch diese Entwicklung bedingten Eingriffe in die Landschaft der Region und die Auswirkungen auf die Bevölkerungsstruktur. Ebenso nüchtern-realistisch wie die Darstellungen des Wissenschaftlers waren auch die Bestandsaufnahmen in den weitaus meisten Beiträgen der Gemeindepfarrer. Veränderungen von Landschaft und Mentalität der Menschen durch die Industrialisierung wurden auch von diesen Männern der Kirche als Realitäten gewertet, die einem grundsätzlich zu akzeptierenden Fortschrittsprozess geschuldet seien. Der Zschornewitzer Pfarrer Schenke beklagte lediglich jene, aus der Sicht der Kirche dem Seelenheil des Einzelnen und dem Zusammenleben der Gemeinschaft abträglichen Begleiterscheinungen des modernen Lebens: den Verlust von Religiosität, aber auch Traditionslosigkeit, Mangel an Heimatgefühl und fehlende Bodenständigkeit, vor allem bei den nach Zehntausenden zählenden zugewanderten Arbeitskräften in den neuen

Industriestandorten.[39] Diesen Auswüchsen könne nur durch feinfühlige Anpassung der Inhalte der Gemeindearbeit an die moderne Entwicklung der Industriegemeinden und ihrer Bewohner erfolgreich begegnet werden, so die Haupttendenz der Diskussion. Es ging also nicht um Verdammung der fortschreitenden Industrialisierung und um eine nostalgische Rückbesinnung auf agrarromantische Vorstellungen von bäuerlicher Arbeit und Frömmigkeit als „Naturzustand" der menschlichen Gemeinschaft. Industrie und Industriearbeit waren auch von den Pfarrern, die an dieser Tagung teilnahmen, als neue Handlungsfelder anerkannt, die den Wohlstand der Nation sicherten. Auch auf die Heldenfiguren dieser Entwicklung wurde verwiesen. Der Wittenberger Pfarrer Geipel erörterte in seinem Beitrag das Thema „Ethos des deutschen Unternehmers".[40] „Der Glaube an den Fortschritt, die Hebung von Wohlstand und Bildung durch Technik beseelte ihn", beschreibt er den Unternehmer und Politiker Friedrich Harkort (1793–1880), einen Pionier der Frühindustrialisierung. „Nur ein Volk, das hier mitarbeitet, wird wachsen und sich behaupten können", so sein Appell. Die Verbindung von industriellem, gewerblichem Fortschritt und Staatswohl sei eines der großen ethischen Prinzipien gewesen, denen Harkort gefolgt sei.[41] Alfred Krupp (1812–1887) ist für den Redner „mahnender Prophet" und einer der größten Vertreter des industriellen Unternehmertums. „Der Glaube an den Stahl hält ihn, besitzt ihn, macht ihn zum Erfinder, zum Techniker und Konstrukteur [...]. Zum Familienstolz tritt der nationale Stolz des späteren Waffenschmiedes der Nation."[42] Dem Wissenschaftler-Unternehmer Ernst Abbe (1840–1905) wird selbst die Abkehr von der Kirche nachgesehen und mögliche gute Gründe dafür ins Feld geführt, wie „intellektuelle Reinlichkeit" oder „Protest gegen das Versagen der Mitleidsmoral". An Abbe fasziniert den Kirchenmann die Durchdringung der Technik mit wissenschaftlicher Präzision und vor allem sein sozialethischer Anspruch und dessen Umsetzung.[43] Nur am Rande findet sich die Mahnung, dass die Unabhängigkeit von der Natur auch eine ungesunde Lösung von ihr als Heimat bewirken könne. „Diese Schattenseite des ‚Fortschritts', die Gefährdung auch sittlicher Lebenswerte durch die unnatürliche Rationalisierung des Daseins wird nicht klar genug ins Auge gefasst".[44] Geipels Lob des national gesinnten und auf das Gemeinwohl bedachten Unternehmertums mündet trotz dieser Replik auf die Schattenseiten der Industrialisierung im Appell, den *Kulturwert* des industriellen Arbeitsprozesses auch den Arbeitnehmern und ihren begabtesten Vertretern nahezubringen.[45]

Die Predigt, die Generalsuperintendent Meyer aus Magdeburg zum Auftakt der Tagung hielt, hatte diese Botschaft schon vorweggenommen: „[...] Industrie ist Arbeit mit den Händen oder für die Hände, jedenfalls

Schaffen und Arbeiten. Religion legt die Industrie nicht lahm; wir nennen beide im selben Atemzug […]. Warum sollen wir um Vergangenes klagen? In allem was ist, ist der Wille Gottes. Das Lied der Arbeit ist ein anderes, gewaltigeres geworden. Und so, wie die Erde ist, ist sie des Herrn […]. Für uns in Deutschland gibt es jetzt ja nur einen Stolz und eine Hoffnung: die Arbeit, die Industrie im weitesten Sinn des Wortes. Passt das Bild des arbeitenden Mitteldeutschlands mit seinen gewaltigen Anlagen, mit seinen Hunderttausenden von schaffenden, fördernden Händen, nachdenkenden Köpfen, rechnenden Geistern, passt es nicht in unser Lebensidyll hinein, wir wollen doch voll Ehrerbietung vor jedem stehen, der wirklich arbeitet. Er steht mitten im Willen Gottes."[46] Religion *und* Industrie, Pflege der Frömmigkeit *und* Pflicht zur Arbeit, so interpretierte er die Bibelstelle 1. Thess. 4, V. 11.[47] Das neue Gesicht, das die Industrialisierung der deutschen Kulturlandschaft aufprägte, erhielt hier den Segen der Kirche.

Ein wichtiger Topos vieler „Mitteldeutschland"-Visionen war die Behauptung eines seit jeher harmonischen Nebeneinanders von Agrar-, Gewerbe- und Industrielandschaften der Großregion. Auch die Mitteldeutschland-Denkschrift von 1925 entwirft dieses Bild. Der „mitteldeutsche Wirtschaftsbezirk" zeige sich als ein Gebiet, in dem sich Landwirtschaft, Bergbau, Industrie, Handel und Gewerbe nebeneinander entwickelt haben, ohne dass ein Erwerbszweig eine die übrigen beherrschende oder bedrückende Monopolstellung einnehmen konnte. „Nicht einseitige Orientierung, sondern Vielseitigkeit, das ist das Kennzeichen der wirtschaftlichen Struktur Mitteldeutschlands."[48]

Ein 1928 vom „Mitteldeutschen Verkehrsverband" herausgegebener Text-Bild-Band mit dem Titel „Mitteldeutschland. Seine Eigenart und Schönheit"[49] geht noch einen Schritt weiter. Hier wird nun auch das harmonische Nebeneinander von Industrie und Natur suggeriert. Die Autoren verweisen auf die „gewaltigen und gigantischen Industriezentren von Weltbedeutung", aber auch auf die „stillen Waldberge" Mitteldeutschlands. „Ein reiches Land, wie selten andere, ein Land der Arbeit und der Freude, der Erholung, ein Land der großen Städte und stillen Siedlungen, ein Land der Geschichte und der Zukunft, ein Land weiter Stromniederungen und waldiger Bergtäler – das alles ist dieses Mitteldeutschland, das hier geschildert werden soll […]. Mitteldeutschland soll der ebenbürtige Bruder der anderen deutschen Gaue sein, und der Besucher des Landes soll nach seiner Heimkehr ein Werber für die Schönheit des Geschauten werden".[50] Aber auch hier bleibt das zentrale Anliegen der „Mitteldeutschland"-Werbung die Darstellung der wirtschaftlichen Bedeutung der neuen Raumeinheit. Das Kapitel „Die mitteldeutsche Wirtschaft" eröffnet den Band. Einer der wichtigen Protagonisten des

„Mitteldeutschland"-Diskurses der 1920er Jahre, Walter Hoffmann, Professor an der Bergakademie Freiberg, würdigt die Industrieregionen als bedeutende nationale Wirtschaftspotenziale, die die Zukunft des Landes sichern. Vor allem die mitteldeutsche Maschinenbau- und die chemische Großindustrie werden als national bedeutsame Industriezweige hervorgehoben.[51] Wirtschaft rangiert noch vor dem Thema „Kunst in Mitteldeutschland" und noch vor der Präsentation der landschaftlichen Schönheiten dieses Raumes. Erhabenheit und Schönheit – das waren hier an erster Stelle Bilder von Industrielandschaften, von Industrieanlagen und Objekten technischen Erfindergeistes. Braunkohletagebaue bei Halle, die Ammoniak-Werke Leuna, Schächte und Hütten im Mansfeldischen, das Großkraftwerk Golpa-Zschornewitz im Bitterfelder Braunkohlerevier, aber auch das Passagier- und Frachtgroßflugzeug G 31 der Junkerswerke Dessau und das Zeiss-Planetarium in Jena wurden eindrucksvoll in Wort und Bild vorgestellt. Bilder solcher Industrielandschaften standen gleichberechtigt neben Darstellungen tradierter Erinnerungsorte wie dem Geburtshaus Martin Luthers in Eisleben, dem Naumburger Dom oder den Burgen Saaleck und Rudelsburg, neben Darstellungen idyllischer Waldlandschaften des Erzgebirges, des Harzes und des Thüringer Waldes oder Agrarlandschaften der Leipziger Tieflandbucht und der Magdeburger Börde. Dieses Angebot, das ganz im Sinne eines modernen Marketings von Regionen die unterschiedlichen lebensweltlichen Erfahrungen und

Die Elektro-Werke vom Flugzeug aus gesehen

Industrielandschaft Golpa-Zschornewitz 1927

Heimatbilder sozialer Gruppen bediente, war das dominierende Raum-
leitbild dieser Debatten. Es findet sich in zahlreichen Denkschriften zu
„Mitteldeutschland", vor allem aber in Heimatführern und Heimatge-
schichten, die auf die Ankurbelung des Tourismus in der Region zielten.

„Politisches, wirtschaftliches und kulturelles Kraftzentrum inmitten des Reiches": Der Raumordnungsdiskurs des NS-Regimes

„Gemeinschaft und Zusammengehörigkeit", „Ordnung und Führung",
„Volk und Lebensraum", „Blut und Boden", das waren die zentralen
Botschaften, welche die 1935 gegründete „Reichsarbeitsgemeinschaft für
Raumforschung" (RAG)[52] in ihrer monatlich erscheinenden Zeitschrift
„Raumforschung und Raumordnung" propagierte.[53] Hier kamen sowohl
professionell mit Landesplanung befasste Vertreter verschiedener Ebe-
nen der NS-Administration als auch im akademischen Feld wirkende
Geographen, Wirtschafts- und Bevölkerungswissenschaftler, Regionalhistoriker und Volkskundler zu Wort. Der Herausgeber der Zeitschrift
und Leiter der RAG, der Agrarwissenschaftler Professor Dr. Konrad
Meyer (1901–1973),[54] schrieb im Dezember 1938, vier Jahre nach ihrer
Gründung in einer ersten Bilanz zur Arbeit der RAG: „Der Auftrag, den
die deutsche Wissenschaft mit der Raumforschung erhielt, ist allein aus
der Idee des Nationalsozialismus geboren; er erschloss in seiner politischen Zielgerichtetheit und Betrachtungsweise N e u l a n d. Galt es doch,
unter Überwindung eines einseitigen Fachprinzips den nationalsozialistischen Gedanken der Gemeinschaft und Zusammengehörigkeit sowie
die in dieser Idee wurzelnden Grundsätze der Ordnung und Führung
im wissenschaftlichen Bereich wirksam werden zu lassen und damit
die A u f g a b e in den Mittelpunkt des Hochschuldenkens zu rücken. In
diesem neuen Ansatz der Wissenschaft ist uns jedenfalls eins gelungen –
davon legen die folgenden Beiträge Zeugnis ab – die Forschung zu den
Quellen unseres nationalen Lebens hinzulenken: Zu Volk und Lebensraum, zu Blut und Boden."[55] Die RAG knüpfte mit dieser Aufgabenstel-
lung an frühe Konzepte des Raumordnungsdenkens und der Raumforschung des ausgehenden neunzehnten und zwanzigsten Jahrhunderts
an.[56] Meyer betonte nun vor allem die Notwendigkeit der interdiszipli-
nären Zusammenführung verschiedener konzeptioneller Ansätze der
Raumforschung.

Im November 1936 erörterte Dr. Hans Schrepfer (1897–1945), ordent-
licher Professor an der Universität Würzburg, in Heft 2 der Monatsschrift

der RAG das Thema „Raum und Volk seit vorgeschichtlicher Zeit".[57] Der Autor plädierte für die wissenschaftliche Erforschung des Verhältnisses von „Volkwerdung und Landschaftsgefüge" von „Mensch, Erde, Volk und Raum".[58] In Schrepfers Aufsatz scheint schon deutlich der von der RAG vertretene multiperspektivische Ansatz von Raumordnungsvorstellungen auf, der nicht auf Verklärung agrarisch geprägter Kulturlandschaften und des Bauerntums als „Träger deutschen Blutes" ausgerichtet war. Der Autor betonte vielmehr, dass jede vergleichende geographische Betrachtung, die auf wissenschaftlicher Erkenntnis des Verhältnisses von „Volkwerdung und Landschaftsgefüge" beruhe, zeigen könne, „[…] wie sehr die Abhängigkeit des Menschen von der Natur gebunden ist an den Stand der Technik. Der Gang der materiellen Kultur auf deutschem Boden ist der Weg vom Naturzwang zur Naturbeherrschung".[59] „Natur und Heimat", „Blut und Boden" *und* Bejahung des industriell-technischen Fortschritts auch in seinen landschaftsverändernden Konsequenzen – dieser Syntheseversuch bildete den roten Faden der Raumordnungsvorstellungen, die von der RAG propagiert wurden. Ein solches Raumbild, das als Identitätskonstrukt unterschiedliche Bedürfnisse bediente, findet sich – ikonographisch geradezu perfekt umgesetzt – in einer Darstellung der Mitteldeutschen Nationalzeitung im Jahr 1936.[60]

„Wogende Getreide- und weite Rübenfelder, also fruchtbarste Landschaft, rauchende Schlote, glühende Hochöfen, mächtige Braunkohlengruben, das ist die mitteldeutsche Landschaft – das Land der lauten Arbeitsinfonie".[61] Dieses Deutungsmuster durchzieht im Jahre 1939, kurz vor Beginn des Zweiten Weltkrieges, eine aufwändig gestaltete, über 100-seitige Festschrift der Hallischen Nachrichten, herausgegeben zum 50-jährigen Jubiläum der großen Regionalzeitung. Das Medium feiert darin das „Land der Mitte", dem die Festschrift in erster Linie galte, wie es einleitend heißt. Zum Selbstverständnis der Blattmacher ist da zu lesen: „Die Hallischen Nachrichten blicken auf fünf Jahrzehnte des Wirkens für Volk und Heimat zurück. Ein solches Jubiläum verpflichtet diejenigen, denen die Gestaltung der Zeitung anvertraut ist, Rückschau zu halten auf das Erstrebte und Geleistete. Zugleich aber fordert es Antwort auf die Frage, ob die Zeitung den Auftrag der Landschaft, in die sie zur tätigen Mitgestaltung aller Lebensbereiche hineingestellt wurde, verstanden und erfüllt hat".[62] In zahlreichen Texten zu den unterschiedlichsten Themenkreisen ist vom Charakterwandel des „Landes der Mitte" die Rede, das sich vom „Land der braunen Erde", das der mitteldeutsche Bauer seit Jahrhunderten beackert und gegen den „immer wieder vordringenden Osten" verteidigt habe, zum „Land der lauten Arbeitsinfonie", zur „jüngsten Industrielandschaft Deutschlands" entwickelte. „Das Land des

Weizens und der Zuckerrübe, der Burgen und der besonnten Flussufer, das bislang der wichtigste Lieferant für den deutschen Lebenshaushalt gewesen war, öffnete willig nun dem technischen Zeitalter seine Tore."[63] Die Technik sei nun „gestaltendes Element im Mittelland".

1935 kein Widerspruch: Schönes Sachsen und rauchende Schlote

Das zum Krieg rüstende Regime forcierte dieses Bild von der zentralen Stellung von Wirtschaft und Technik für das „Wohl der Nation". Im Zuge der Autarkiepolitik und der Rüstungs- und Kriegswirtschaft des Dritten Reiches wuchs die Bedeutung dieser Industrieregion enorm. Die großen Chemie-Unternehmen dieses Raumes, wie die Leuna-Werke A. G., trugen durch aktive Image-Politik ihrer NS-„Werkführer" erheblichen Anteil an dieser Mythenbildung. Im Jahr 1938, ein Jahr vor Beginn des Zweiten Weltkrieges, präsentierte sich die Chemieregion Halle-Merseburg auf der „Mitteldeutschen Industrie-Ausstellung", die vom 23. September bis 9. Oktober in Halle an der Saale unter dem Titel „Wille und Werk im Land der braunen Erde" stattfand.

„Auf der Grundlage der Braunkohle, des Kalis und der elektrischen Energie ist im Herzen des Reiches ein n e u e s I n d u s t r i e g e b i e t erstanden, dessen Kernpunkt der Raum zwischen Elbe, Saale und Elster bildet, der als G a u d e r d e u t s c h e n W e r k s t o f f e für die Durchführung des Vierjahresplanes eine unvergleichbare Bedeutung besitzt"[64], hieß es im Ausstellungsführer. Veranstalter der großen Propagandaschau für den Vierjahresplan waren die Gauleitung der NSDAP Halle-Merseburg und das Institut für Deutsche Kultur- und Wirtschaftspropaganda. Der Präsident des Instituts für Deutsche Kultur- und Wirtschaftspropaganda, Stabsleiter des Reichspropagandaleiters der NSDAP und Mitglied des Reichstages, Hugo Fischer, erklärte zum Ziel der Ausstellung: dieses liege nicht zuerst in der regionalen Wirtschaftswerbung, die Gau-Ausstellung sei vielmehr dem neuen Gedanken der politischen Ausstellung verpflichtet. Sie solle „[…] dem besuchenden Volksgenossen aufzeigen, welche besonderen Aufgaben dieser Gau im Rahmen der Gesamtaufbauarbeit des Führers zu erfüllen habe."[65] Die umfangreiche Broschüre zur Ausstellung wird mit einer Hommage Adolf Hitlers an die Techniker, Naturwissenschaftler und Wirtschaftsfachleute eingeleitet. Die Ausstellung präsentierte die Region Halle-Merseburg als „Gau der deutschen Werkstoffe", als „Wunderland Chemie im mitteldeutschen Wirtschaftsraum" und „Gau des Kampfes und der Arbeit".[66]

Die Mitteldeutschland-Bilder, die auch noch nach Beginn der Zweiten Weltkrieges, im Jahr 1940, kommuniziert wurden, entsprachen diesem Deutungsmuster: „Mitteldeutschland, vor tausend Jahren der Ausgangspunkt der deutschen Ostpolitik, hat im Reiche Adolf Hitlers eine neue große Aufgabe erhalten. Am Achsenkreuz der deutschen Schifffahrtswege im Herzen Großdeutschlands gelegen, durchpulst von großen Schlagadern des Eisenbahnverkehrs und der Reichsautobahnen, wurde dieses Land am Mittellauf der Elbe zu einem Wirtschaftszentrum des Reiches, zu einer Stätte rastloser Arbeit. Diese Landschaft im nationalsozialistischen Geist zu ordnen und ihrer Bedeutung gemäß auszubauen, ist die große Aufgabe, die uns nach siegreicher Beendigung des Krieges gestellt ist. Pflug, Hammer und Schwert verbinden sich hier zu einer gewaltigen Symphonie des deutschen Sozialismus."[67] Mit dieser Deutung „Mitteldeutschlands" leitete Rudolf Jordan, seit 1937 Reichsstatthalter und Gauleiter des NS-Gaues Magdeburg-Anhalt,[68] ein Jahr nach Beginn des Zweiten Weltkrieges ein über 130 Seiten starkes Heft der Zeitschrift *Raumforschung und Raumordnung* ein. Schon die Fotomontage des Umschlags zeigt „Mitteldeutschland", die „Mitte des Reiches", als eine Region, in der Industrie, modernste Technik und Landwirtschaft – Industrielandschaft und Agrarlandschaft – in harmonischem Miteinander stehen. Der Gauwirtschaftsberater des Gaues Magdeburg-Anhalt, Walter Jander, erläuterte die Raumordnungsidee für Mitteldeutschland. Die Einseitigkeit des Raumes durch die rasante industrielle Entwicklung der letzten Jahre, die schon das Schlagwort vom „zweiten Ruhrgebiet" habe aufkommen lassen, müsse verhindert werden. Man strebe vielmehr danach „[…] einen in sich ausgewogenen Raum zu schaffen, in dem Landwirtschaft und Industrie, Arbeit und Erholung im Einklang stehen und die kulturelle Entwicklung mit der wirtschaftlichen Schritt hält, damit den Menschen, die in dieser Landschaft geboren sind, die Heimat erhalten und neu hinzugewanderten Kräften eine Heimat geschaffen wird, mit der sie sich fest verbunden fühlen."[69] Wirtschaft, Naturlandschaft und Kultur in ausgewogenem Verhältnis – so stellte man sich „komplexe Raumindividuen" vor, eine Idee, die schon die Anfänge der Wirtschaftsgeografie geprägt hatte. Der ausführliche Foto-Teil, der den Band illustrierte, präsentierte denn auch neben Bildern von Industrieanlagen und Arbeitern in Werkhallen „Verkehrswege der Neuzeit, die Schienenstränge und Autobahnen" in Harmonie mit der Natur. So etwa die Weltrekordstrecke bei Dessau „[…] die vollkommen im Grünen liegt und mit den für diese Landschaft charakteristischen Eichen geschmückt ist."[70] Dazu Landschaftsbilder vom Harz, Ansichten alter, traditionsreicher Städte wie Quedlinburg und Halle und das Standbild des Magdeburger Goldenen Reiters, der zum Symbol der Kulturarbeit in Mitteldeutschland geworden sei, wie es in der Bilderläuterung heißt.[71] Solche Vorstellungen von harmonischer Raumordnung mit dem Ziel, optimale Bedingungen für das wirtschaftliche *und* kulturelle Leben der „mitteldeutschen Volksgemeinschaft" zu sichern, die Raumforscher und Raumplaner im Kontext der RAG entwarfen, blieben reine Planspiele. Statt Entflechtung industrieller Ballungszentren im „Altreich", die als anzustrebendes Ziel formuliert wurde, spielten in der Praxis im Kontext der Vorbereitung der Expansionspläne des NS-Regimes Technisierung und forcierte Industrialisierung eine zentrale Rolle. Industrielandschaften wie die mitteldeutsche Braunkohlen- und Chemieregion mit ihren modernen, kriegswichtigen Industriezweigen standen im Zentrum der Aufmerksamkeit der NS-Führung. Kriegswichtige Industrieproduktion hatte Priorität, ging es doch letztlich um die optimale Erschließung aller wirtschaftlichen Ressourcen für den „Kampf um die Neuordnung der Welt". Dass die Mitteldeutschland-Visionen und -Planungen der NS-Strategen vor allem dieses Ziel im Blick hatten, darauf verwies der Gauwirtschaftsberater von Magdeburg-Anhalt, Walter Jander, im Schlusssatz seines Beitrages. Mitteldeutschland solle „[…] politisches, wirtschaftliches und kulturelles Kraftzentrum inmitten des Reiches werden, das alle Aufgaben der Zukunft zu meistern und seinen Beitrag zur großdeutschen Aufgabe, d.h. zur Neuordnung des europäischen Raumes, zu leisten" habe.[72]

Technik- und Industrielandschaftsbilder in SBZ und DDR

Diese „Neuordnung der Welt", die das nationalsozialistische Deutschland mit Hilfe des Zweiten Weltkrieges zu erreichen versuchte, vernichtete schließlich Natur, Kulturwerte und vor allem Menschenleben in bislang nicht gekanntem Ausmaß. Auch Deutschland war am Ende dieses verheerenden Krieges ein zerstörtes Land. Aus einer hoch entwickelten Industrienation, deren Produktivität sich schon seit Beginn des zwanzigsten Jahrhunderts zunehmend auf wissensbasierte Produktionszweige gründete, war in weiten Teilen eine Industriebrache geworden. Das betraf vor allem Zweige wie die Chemische Industrie, die Elektrotechnik und die feinmechanisch-optische Industrie. Zentrale Standorte solcher neuen Industrien – etwa das Chemiedreieck Halle-Leuna-Bitterfeld oder die Zeiss-Werke in Jena – befanden sich nach der Teilung Deutschlands auch auf dem Hoheitsgebiet der SBZ/DDR. Trotz immenser Kriegsverluste und Demontagen sowie des umfangreichen Abzuges wissenschaftlicher Fachkräfte, die zunächst von der amerikanischen und später von der sowjetischen Besatzungsmacht ob des dort vorhandenen wissenschaftlichen Know-hows gerade auch in solchen Industriebetrieben durchgeführt worden waren, brach diese Tradition nicht ab. Vielmehr war das an Rohstoffen arme Land DDR gerade auf den Wiederaufbau und die Fortentwicklung solcher innovativen Industriezweige in hohem Maße angewiesen, wie sich rasch zeigen sollte.[73] Wie in der Bundesrepublik Deutschland, so dominierte auch in der DDR – trotz unterschiedlicher Weichenstellungen auf hier parlamentarisch-demokratische und dort zentralistisch-administrative ordnungspolitische Strukturen – der Wiederaufbau und der Ausbau der industriellen Basis die Gesellschaftspolitik.[74]

Festzuhalten ist ebenso, dass nach der Zäsur von 1945 in den verschiedenen Fraktionen der diskursaktiven Eliten des besetzten Deutschlands ein Prozess der ideologischen und intellektuellen Neuverortung einsetzte, in dem auch die gesellschaftliche Rolle der Wissenschaften diskutiert wurde. Forciert durch die Tatsache des Missbrauchs der Wissenschaft in den beiden Weltkriegen und vor allem im Nationalsozialismus wurde nun zum einen die Verantwortung der Natur- und Technikwissenschaften für die menschliche Zivilisation thematisiert. Zum anderen war natürlich die Frage nach der strategischen Rolle, die Naturwissenschaft und Technik bei der wirtschaftlichen Entwicklung in beiden Teilgesellschaften spielen sollten, ein wichtiges Thema. „Jeder fühlt, daß das katastrophale Geschehen, das die gegenwärtige Menschheit heimsucht, mit der Technik aufs engste verknüpft ist und ohne sie nicht denkbar gewesen wäre. Ohne die technischen Errungenschaften, die die deutsche Wissenschaft vermittelt hatte, wäre es Hitler nicht möglich gewesen, zeitweise einem großen Teil Europas seinen Willen aufzuzwingen; ohne ihre technische Überlegenheit wäre es den Alliierten nicht gelungen, ihn zu zerschmettern. Ohne die zerstörerischen Kräfte, die die Kriegstechnik entwickelt hat, hätte die Welt nicht den Verlust von Millionen von Menschenleben zu beklagen, ständen wir nicht vor trostlosen Trümmerfeldern, wo vorher blühendes Leben pulsiert hat. Die Versuchung liegt nahe, die technische Entwicklung in hohem Maße verantwortlich zu machen, als sei mit ihr ein Fluch über die Menschheit verhängt worden, die sie schließlich dem Untergang entgegentreibt…Diesem Pessimismus gegenüber tut es not, sich über den gegenwärtigen Augenblick zu erheben und die allgemeine Rolle zu betrachten, die die Technik in der Welt spielt, die ihr im Leben des Kulturmenschen zufällt." Dieses Statement findet sich in einer kleinen Schrift aus dem Jahre 1947 mit dem Titel „Technik, Kultur und Sozialismus", herausgegeben im Rheinischen Volksverlag Mainz.[75] Solche Positionierungen sind durchaus in allen Teilen des besetzten Landes zahlreich in der zweiten Hälfte der 1940er Jahre. Sie setzen einen Diskurs fort, der seit der Zeitenwende um 1900 in Deutschland von Technikphilosophen, vor allem aber auch von deutungsambitionierten Protagonisten der Natur- und Ingenieurwissenschaften geführt wurde.[76] Während allerdings im Westen des geteilten Landes, forciert auch durch die folgenschweren Atombombenabwürfe auf Hiroshima und Nagasaki, bald die alten Deutungskämpfe der Zeit vor 1933 um die Frage „technische Moderne – Irrweg oder Zukunftsoption" fortgesetzt werden, lassen sich für die Diskurslandschaft der DDR solche innergesellschaftlichen Deutungsschlachten nicht feststellen. Vielmehr findet sich hier in der veröffentlichten Meinung schon von Beginn an ein erstaunlich einheitlicher Grundton: Ein ungebrochen zukunftsoptimistisches Deutungsmuster, das vor allem die Technik, aber auch die modernen Natur- und Technikwissenschaften als Garanten sowohl eines erfolgreichen Wiederaufbaues als auch erfolgreicher Entwicklung der DDR-Gesellschaft hin zu einer sozialistisch-kommunistischen Zukunftsgesellschaft propagierte. Wenn Ralph Jessen und Jakob Vogel die Bedeutung der Naturwissenschaften als symbolische Ressource für die nationalen Diskurse und ihre Repräsentationen im Europa des 19. und 20. Jahrhunderts betonen, so ist gerade auch das Beispiel DDR dafür ein Beweis.[77] Denn hier war die Deutung von Naturwissenschaft und Technik als zentrale Ressourcen einer imaginierten modernen sozialistischen Zukunftsgesellschaft nicht nur eine von großen Teilen der Intellektuellen und Wissenschaftler getragene Meinung. Diese Deutung war hier vielmehr eine der Grundpositionen der Staatsideologie des Marxismus-Leninismus, die seit Beginn der 1950er Jahre mit dem Autoritätsbeweis Marxscher und Leninscher Lehrsätze zu dieser Frage intensiv propagiert worden ist. Naturwissenschaft und Technik könnten im Sozialismus, anders als unter kapitalistischen gesellschaftlichen Verhältnissen, endlich ohne Einschränkungen im Sinne fortschrittlicher Entwicklung wirksam werden, so die Lesart. Noch bevor es eine akademische Institutionalisierung dieser Denkrichtung in Form von naturwissenschafts- und technikgeschichtlichen sowie technikphilosophischen Lehrstühlen und Instituten gab, erfuhr diese Deutung diskursive Stärkung und breite Popularisierung durch Institutionen wie die 1946 gegründete Kammer der Technik (KDT)[78], Nachfolgeorganisation des in der DDR nicht wieder gegründeten Verbandes deutscher Ingenieure (VDI), durch die URANIA (Gesellschaft zur Verbreitung wissenschaftlicher Kenntnisse) sowie auch durch Einrichtungen der Denkmalpflege.

Der Vizepräsident der Kammer der Technik, der Ingenieur Max Günther, erklärte am 3. August 1948 in seiner Eröffnungsansprache auf einer außerordentlichen Tagung der jungen Ingenieurorganisation der Sowjetischen Besatzungszone zum Thema „Aufgaben der technischen Intelligenz im Rahmen der Wirtschaftsplanung": „Dem technischen Wissenschaftler, dem Ingenieur und Techniker muß der gebührende Platz in der Produktion und der Verwaltung eingeräumt werden, um eine erspießliche Entwicklung und Entfaltung der schöpferischen Tätigkeit des Ingenieurs im Interesse unseres Volkes zu gewährleisten."[79] Nicht nur die technische Intelligenz müsse „ein richtiges Verhältnis zu den ökonomischen und gesellschaftlichen Veränderungen in der sowjetischen Zone, vor allem aber zu den Geistesschaffenden anderer Fachrichtungen, insbesondere aber auch zu den fortschrittlichen aktiven Massen der Arbeiterschaft" finden. Auch jene Kreise müssten sich „von sich aus bemühen, für die Bedeutung der Arbeit des Technikers und seine volkswirtschaftliche Funktion mehr Verständnis aufzubringen, als das bisher zu verzeichnen war."[80] Auch der Präsident der Organisation, der Maschinenbauingenieur Professor Dr. Enno Heidebroek[81] fand in seiner Begrüßungsansprache auf der gleichen Konferenz zu starken Bildern. Man müsse eine breite Öffentlichkeit „zu technischem Denken" erziehen, müsse der *technische Ratgeber und treue Eckart, das ,technische Gewissen' der Nation"* werden.[82] Ganz im Sinne dieser Vorstellungen wurden in der seit 1953 herausgegebenen Verbandszeitschrift der Kammer der Technik, „Die Technische Gemeinschaft", unter den ständigen Rubriken „Deutsche Pionierleistungen in der Technik" und „Die besten Techniker und ihr Werk", bedeutende Techniker der Vergangenheit vorgestellt.[83]

Auch Institutionen der Denkmalpflege wirkten an dieser spezifischen erinnerungskulturellen „Front". In einer 1955 vom Instituts für Denkmalpflege Dresden herausgegebenen Begleitbroschüre zu einer Wanderausstellung mit dem Thema „Technische Kulturdenkmale" scheint die Stilisierung der Technik zur nationalen Kulturressource deutlich auf, wenn es einleitend heißt: „Die technische Welt von heute bekundet in steter Wandlung und Entwicklung mit großartigen Zeugnissen das schöpferische des gestaltenden Geistes und der schaffenden Hand in Vergangenheit und Gegenwart. Wir sehen auch in der Technik einen Teil der geistigen Traditionen unseres Volkes. Es ist daher nur allzu verständlich, daß Denkmale der Technik eine gleiche Beachtung und Pflege wie die großen Werke der Architektur, Plastik und Malerei erfahren sollen."[84]

Es ging also von Beginn an nicht nur um die Erziehung zu technischem Denken durch Vermittlung naturwissenschaftlichen und technischen Wissens in der Allgemeinbildung. Diesem Anliegen wurde auch auf erinnerungskulturellem Feld gebührende Aufmerksamkeit geschenkt. Denn für die kulturpolitischen Vordenker der DDR stand außer Frage, dass neben den Leistungen eines Goethe und Schiller, eines Karl Marx und Friedrich Engels auch die Leistungen großer Naturwissenschaftler und Techniker untrennbar zur deutschen Nationalkultur gehörten und ihnen daher in der Traditionspflege ein fester Platz einzuräumen war. Folgerichtig wurde nach dem im Jahre 1949 mit großem Aufwand inszenierten Goethe-Jahr und dem Karl-Marx-Jahr von 1953 dann im Schiller-Jahr 1955 auch ein Naturwissenschaftler als nationale Leitfigur gefeiert: der „Vater der Mineralogie", Georgius Agricola (1494–1555), dessen 400. Todestag die DDR ebenfalls mit großem Pathos und inszenatorischem Aufwand als nationales Ereignis beging.[85]

Auch technikphilosophische und populärwissenschaftliche Literatur, die Naturwissenschaft und Technik geradezu euphorisch feierte, hatte in der jungen DDR Konjunktur. Hermann Ley (1911–1990), promovierter Zahnmediziner, KPD-Mitglied seit 1930, in der NS-Zeit mehrfach inhaftiert, nach 1945 bald einer der bedeutenden und international beachteten Technikphilosophen der DDR, propagierte seit den frühen 1950er Jahren unermüdlich die Idee von der „Produktivkraft Technik".[86] Genannt seien aus seinem umfangreichen wissenschaftlichen Œuvre nur seine damals auch international beachtete, 1961 erschienene Schrift „Dämon Technik?", in der er gegen die spätbürgerliche Absage an die Technik polemisierte. Im Jahre 1969 erschien im URANIA-Verlag der Band „Technik und Weltanschauung. Einige philosophische Konsequenzen der wissenschaftlich-technischen Revolution".[87] Ley setzte sich vor allem mit bürgerlichen technikphilosophischen Denkern wie Hans Freyer (1887–1969) auseinander, der 1955 mit dem Spätwerk „Theorie des gegenwärtigen Zeitalters" seine schon seit den 1920er Jahren vertretene Gesellschaftskritik aus konservativem Blickwinkel bekräftigte und vor naivem Glauben an den ganz automatisch nur segenbringenden technischen Fortschritt als Motor der Entwicklung der menschlichen Gesellschaft warnte. Freyer stellte ein Zukunftsszenario vor, das den Menschen zu strikter Anpassung an das zunehmend hochtechnisierte und verbürokratisierte moderne Wirtschaftssystem zwinge und in die individuelle Vereinzelung und zugleich in „sekundäre" Massenhaftigkeit stoße.[88] In der DDR stießen solche modernekritischen Positionen auf vehemente Ablehnung, vor allem auch dann, wenn sie Wissenschaft und Technik betrafen. Solche Sichtweisen wurde als rechtskonservativer Fortschrittspessimismus, als fortschrittsfeindliche Ideologie stigmatisiert, die es zu bekämpfen galt.

Aber nicht nur Ingenieure und Technikphilosophen der DDR vertraten mit Leidenschaft eine Position, die auf den technischen und naturwissenschaftlichen Fortschritt als einzig realistische Zukunftsoption für die DDR-Gesellschaft setzte. Auch Vertreter der neuen politischen Elite der DDR betonten früh schon die Notwendigkeit dieses Weges. Einer der eifrigsten Verfechter einer solchen strategischen Linie der Gesellschaftspolitik war Walter Ulbricht, der sich seit Beginn seiner Laufbahn als KPD-, später SED-Spitzen- und hoher Staatsfunktionär der DDR bis zu seiner Entthronung 1973 vor allem intensiv mit wirtschaftsstrategischen Fragen beschäftigte.[89] Im Juni 1954 äußerte er sich als einer der Stellvertreter des Ministerpräsidenten der DDR in einer Rede auf einer Konferenz mit Wissenschaftlern und Ingenieuren zur Rolle von Wissenschaft und Technik:

„Die nationalen Interessen des deutschen Volkes erlegen uns eine hohe Verpflichtung für die Pflege und Forschung der deutschen Wissenschaft und Kultur auf und verlangen die Erhaltung und Fortsetzung der großen Traditionen der deutschen Wissenschaft ... Das gilt speziell auch für die Entfaltung des wissenschaftlichen und technischen Fortschritts. Die gesellschaftliche Ordnung in der Deutschen Demokratischen Republik bietet die Gewähr für eine solche neue Blüte, die der kulturellen Vergangenheit des deutschen Volkes und seinen künftigen Aufgaben in der Familie der Völker würdig ist."[90] Spätestens seit Mitte der 1950er Jahre waren die Industrieprogramme des rohstoffarmen Landes DDR überwiegend auf die Durchsetzung wissenschaftsbasierter Innovationen in der Wirtschaftspraxis gerichtet.[91] Zur Umsetzung dieser strategischen Aufgabe wurde im Jahre 1957 der Forschungsrat der DDR gebildet,[92] ein dem Ministerrat der DDR nachgeordnetes, höchstes beratendes Gremium für die Planung und Koordinierung der naturwissenschaftlichen und technischen Forschung. Ein Jahr später, im Juli 1958, erklärte Walter Ulbricht in seinem Eröffnungsreferat zum V. Parteitag der SED: „Wenn die rasche Steigerung der Arbeitsproduktivität der Schlüssel zur Lösung unserer ökonomischen Hauptaufgabe ist, die ihrerseits wieder aufs engste mit dem Kampf für Koexistenz und dem friedlichen Wettstreit zwischen Sozialismus und Imperialismus zusammenhängen, dann gebühren Wissenschaft und Technik außerordentliche Beachtung und Förderung."[93]

Unter den führenden Staatsfunktionären fanden sich in den 1950er Jahren auch populärwissenschaftlich schreibende Technikpropagandisten, die die Vorzüge und Möglichkeiten des technischen Zeitalters für die Entwicklung der Menschheit mit viel Phantasie beschworen. Einer der ambitioniertesten auf diesem Gebiet war sicher Friedrich Wilhelm (Fritz) Selbmann (1899–1975), von Beruf Bergmann und seit 1918 im linken Flügel der organisierten deutschen Arbeiterbewegung, seit 1924 in verschiedensten Funktionen der KPD und des Roten Frontkämpferbundes aktiv. Selbmann war in der SBZ und der frühen DDR neben dem wirtschaftspolitisch ambitionierten SED-Chef Walter Ulbricht einer der wohl bedeutendsten Wirtschaftsfunktionäre: Er war Vizepräsident der Landesverwaltung Sachsen für Wirtschaft und Arbeit (1945/46), Minister für Wirtschaft und Wirtschaftsplanung in Sachsen (1946–1948), Stellvertretender Vorsitzender der deutschen Wirtschaftskommission und Leiter der Hauptverwaltung Industrie (1948/49), Minister für Industrie (1949/50), Minister für Schwerindustrie (1951 und 1953–1955), Minister für Hüttenwesen und Erzbergbau (1951–1953) sowie Stellvertretender Vorsitzender des Ministerrates und Vorsitzender der Kommission für Industrie und Verkehr (1953–1955).[94] Fritz Selbmann hatte keine akademische Ausbildung, war auch auf technikphilosophischem Gebiet Autodidakt. Er veröffentlichte aber in den 1950er Jahren neben zahlreichen Artikeln auch zwei damals viel beachtete populärwissenschaftliche Broschüren zur Rolle der Technikentwicklung für die sozialistische Zukunftsgesellschaft, die hohe Auflagen erreichten. 1956 erschien im Dietz Verlag Berlin das Bändchen „Die neue Epoche der technischen Entwicklung"[95] und 1957 im VEB Verlag Technik Berlin „Ein Zeitalter stellt sich vor"[96].

Fritz Selbmann war eifriger Verfechter des Aufbaus einer Atomenergiebasis für die DDR-Wirtschaft, für die er als hoher Wirtschaftsfunktionär stritt und in seinen populärwissenschaftlichen Schriften mit Verve und geradezu phantastischen Visionen warb. Automatisierung und Kernkraftgewinnung waren für ihn die Hauptfaktoren der neuen technischen Entwicklung und ihre Realisierung aus seiner Sicht das einzige, wirklich zukunftssichernde Projekt für die sozialistische Gesellschaft.[97] 1957 schrieb er geradezu euphorisch: „Ein neues Zeitalter beginnt, oder vielmehr, es hat bereits begonnen, das Zeitalter der neuen Technik, der Atomkraft, ein Zeitalter gewaltiger revolutionärer Umwälzungen. Dieses neue Zeitalter klopft an die Tür und erregt die Gemüter der Menschen von heute, die noch nicht wissen, daß sie eigentlich schon im Morgen leben."[98]

Das auf Technik- und Industrieentwicklung als entscheidenden Wertmaßstab für die nationale Bedeutung der Region ausgerichtete Deutungsmuster und die darauf beruhenden neuen Leitbilder fanden auch in den Heimatdeutungen ihren Niederschlag. Im Jahr 1957 wird in der DDR – auch in den heutigen Bundesländern Sachsen-Anhalt, Sachsen und Thüringen – allen Teilnehmern der „Jugendweihe" als Geschenk des Staates zum Eintritt in den Erwachsenenstatus der Prachtband „Unser Deutschland"[99] überreicht. Die Vierzehnjährigen bekamen damit den Kanon des „deutschen Vaterlandes" mit auf den weiteren Lebensweg. „Von der Vaterlandsliebe" ist denn auch gleich das Eingangskapitel des Bandes überschrieben. In ihm werden die „Vaterlandsbilder" jener Vertreter der geistigen Elite Deutschlands präsentiert, die bis heute einen Platz im Pantheon der „Großen Deutschen" haben. Da werden Texte von Goethe und Heine, Herder, Jahn, Diesterweg und Arndt, aber auch von Wilhelm Liebknecht und Berthold Brecht zitiert. Die meisten von ihnen werden mit Visionen von den geistigen Landschaften ihres „Vaterlandes" vorgestellt. Brecht, den letzten in diesem Reigen der Großen Männer der Nation, lassen die Herausgeber mit einem Nationsbild aufwarten, das sowohl geistig-moralische wie geographische Räume auslotet und zu einer nationalen Vision verbindet. Seine „Kinderhymne" ist hier abgedruckt, in der es am Ende heißt: „Und nicht über und nicht unter/Andern Völkern wolln wir sein / Von der See bis zu den Alpen / Von der Oder bis zum Rhein."[100]

Der Band handelt dann allerdings nicht nur von den geistigen Landschaften, die nach der Vorstellung der Herausgeber des Jahres 1957, der Mitglieder des Zentralen Jugendweiheausschusses der DDR, die „deutsche Nation" ausmachen. Die Nation, „unser Deutschland", das sind hier auch konkrete Orte und Landschaften: Die Wartburg bei Eisenach, das „Wahrzeichen der deutschen Einheit"[101], der Rhein mit dem Lorelei-Felsen[102], der „Blick vom Königstein auf die Elbe (Sächsische Schweiz)"[103] oder die „deutsche Ostseeküste"[104]. Aber auch Industrielandschaften werden in diesem Lesebuch der Nation als Räume von nationaler Bedeutung und nationalem Wert präsentiert. So rücken Autoren des Bandes auch das Zwickau-Oelsnitzer Kohlerevier[105] oder die „Werkanlage des VEB Filmfabrik Agfa Wolfen bei Bitterfeld"[106] ins Blickfeld ihrer Rezipienten. „Jetzt jagen wir über das mitteldeutsche Industriezentrum … Wieder ein Kapitel gewaltiger Leistungen!" So schwärmt der Autor des Beitrages „Im Flug über die Neubauten des Sozialismus".[107]

Die DDR-spezifische Neudefinition eines „sozialistischen Heimatbegriffes" im Jahre 1958 lässt sich zum Beispiel an den veränderten Inhalten und der Gestaltung des Organs der im Kulturbund organisierten „Natur- und Heimatfreunde" der DDR, der Zeitschrift „Natur und Heimat", ablesen. Ihr Chefredakteur, Karl Kneschke, schreibt dort zum neuen Heimatbegriff, er sei gekennzeichnet davon, dass „arbeitende Menschen ihre Liebe verströmen lassen in einem sozialistischen Patriotismus, der im Gefühl seiner Kraft das Wort prägt ‚Groß und Unser'. Wir denken dann an Stalinstadt, an die Schwarze Pumpe, an Rostock und unsere 10.000-Tonnen-Schiffe, an die Maschinen von Karl-Marx-Stadt, Magdeburg und Plauen, an Jena und Weimar, an den Dresdner Zwinger und die Staatsoper, an die Nationalpreisträger und die Nationale Volksarmee."[108] Die Symbole der industriellen Entwicklung avancieren zu zentralen Werten für die Nation, und zwar nicht nur neben, sondern noch vor den alten und neuen Symbolen der Kulturentwicklung: Die Maschinen von Karl-Marx-Stadt und Magdeburg überrunden Weimar und den Dresdner Zwinger. Gegen Ende des Jahres 1958 ändert sich dann, diesem neuen Heimatbegriff folgend, auch das Themenspektrum der Zeitschrift. Die industrielle Entwicklung einzelner Regionen wurde nun, neben der heimatlichen Flora und Fauna, zum festen Bestandteil der Heimatbetrachtung und -berichterstattung. Der tradierte Landschaftsbegriff weitet sich, „Industrielandschaften" wurden zu gleichberechtigten, kulturell wertvollen Räumen, in denen sich Arbeitsethos und Sinn für die Bedürfnisse des Gemeinwesens entwickeln sollten. So widmet sich im Jahr 1958 die Nummer 10 von

Sie lesen heute:

Landschaft der Braunkohle
Ein Land verändert sein Gesicht

HEFT **10**
OKTOBER **1958**

Titelseite der Zeitschrift „Natur und Heimat", 10/1958

„Natur und Heimat" ganz der Vorstellung der „Braunkohlelandschaft" der DDR. Das Titelblatt zeigt eines der „Wahrzeichen" der Chemieregion, die dreizehn Schornsteine des VEB Leuna-Werke „Walter Ulbricht". Vom „Wunder" der Braunkohle wird berichtet und vom „Land der Kombinate", in welchem sich „der Mensch in einem unaufhörlichen und differenzierten Ringen mit der Natur befindet, um sich deren Schätze dienstbar zu machen." In vielen Texten wird die Vision entwickelt, das Verhältnis des Menschen zur Natur werde „in der sozialistischen Gesellschaft ein anderes sein als in der kapitalistischen, kein räuberisches mehr, sondern ein gesundes, dem Menschen dienendes, der Natur gerecht werdendes."[109] Diese Vision wird auch im Wechsel der Symbole deutlich, der sich in der graphischen Gestaltung der Jahrgänge 1958 und 1959 der Zeitschrift „Natur und Heimat" zeigt. Während die Herausgeber beim Jahrgang 1958 noch ganz auf die traditionelle Natur- und Heimatsymbolik mit ihrer Fixierung auf das architektonische Erbe des Mittelalters setzten, wird im Jahrgang 1959 schon die neue Heimatidee der Vereinbarkeit von Naturpflege und Industrialisierung umgesetzt.

Die Beseitigung von Kriegsschäden und die Neuerrichtung von Industriestandorten hatte in den Jahren nach dem verheerenden Krieg in der SBZ/DDR nicht nur volkswirtschaftlichen Vorrang als Basis zur Sicherung des sozialistischen Experiments sondern vor allem auch hohen symbolischen Wert. Das traf vor allem auf die Bergbau- und Chemiestandorte Mitteldeutschlands zu, die im Laufe des wirtschaftlichen Wiederaufbaus zur wichtigsten Chemieregion der DDR ausgebaut wurde. In den 1950er Jahren avancierte der Bitterfelder Chemiestandort zum Symbolraum für wirtschaftlichen Aufstieg durch Modernisierung und im Kontext des 1958 propagierten „Chemieprogramms"[110] zur nationalen Innovationsregion schlechthin. Hier entstand in den 1970er Jahren auch die „Chemiearbeiterstadt" Halle-Neustadt, eines der größten europäischen Neubaugebiete in moderner Plattenbauweise. Und die Region steht für den als „Bitterfelder Weg" bekannten, zwar administrierten aber dennoch nicht wirkungslosen Versuch, die als sozialistische und damit zukunftsträchtigste Variante der Moderne gedeutete und propagierte Industriegesellschaft DDR mit Hilfe der Kultur zu beglaubigen.[111] Erst in der späten DDR wurde die Chemieregion Bitterfeld zum Symbol für verseuchte Umwelt und eine marode Wirtschaft. „B. ist die schmutzigste Stadt Europas", befand die Schriftstellerin Monika Maron in ihrem 1981 erschienenen Roman „Flugasche".[112]

Die Vision der Verbindung von industriegesellschaftlicher Moderne mit dem Schutz der Natur- und Kulturlandschaften, die die enthusiastischen Aufbaujahre der DDR-Industriegesellschaft begleitete, hat sich in der von den Innovationen der internationalen Technikentwicklung weitgehend abgekoppelten, ressourcenarmen DDR, deren wirtschaftli-

Gewandeltes Heimatbild im Jahrgang 1959 von „Natur und Heimat"

che Entwicklung letztlich auf Raubbau an den wenigen vorhandenen Bodenschätzen und Verschleiß der industriellen Basis hinauslief, als Illusion erwiesen.

Anmerkungen

1   Siehe zum Europa-Diskurs u. a.: Kultur, Identität, Europa. Über die Schwierigkeiten und Möglichkeiten einer Rekonstruktion, hg. v. Reinhold Viehoff/Rien T. Segers, Frankfurt am Main 1999; Rainer Schmidt: Die Wiedergeburt der Mitte Europas. Politisches Denken jenseits von Ost und West, Berlin 2001; Undine Ruge: Die Erfindung des „Europas der Regionen". Kritische Ideengeschichte eines konservativen Konzepts, Frankfurt am Main 2003; Ulrich Beck/Edgar Grande: Das kosmopolitische Europa, Frankfurt am Main 2004; Die kulturellen Werte Europas.

2   Friedrich Justin Bertuch: Über die Wichtigkeit der Landes-Industrie-Institute für Teutschland, in: Journal des Luxus und der Moden. Bd. 8. August, September 1793, S. 409–417. Zur Biografie vgl. Walter Steiner/Uta Kühn-Stillmark: Friedrich Justin Bertuch. Ein Leben im klassischen Weimar zwischen Kultur und Kommerz, Köln/Weimar/Wien 2001.

3   Vgl. dazu Rudolf Boch: Grenzenloses Wachstum? Das rheinische Wirtschaftsbürgertum und seine Industrialisierungsdebatte 1914–1857, Bielefeld 1990, S. 283.

4   Ebd., S. 290.

5   Vgl. dazu Uwe Beckmann: Der Weg nach London: Das deutsche Ausstellungswesen vor 1851 und die Great Exhibition, in: Die Weltausstellung von 1851 und ihre Folgen. The Great Exhibition and its Legacy, hg. v. Franz Bosbach u. John R. Davis in Zusammenarbeit mit Susan Bennett, Thomas Brockmann u. William Filmer-Sankey, München 2002, S. 257–292.

6   Die erste Weltausstellung fand 1851 in London statt. Im 19. Jahrhundert war vor allem Paris der herausgehobene Ausstellungsort, so 1855, 1878, 1889 und 1900. Weltausstellungen fanden aber auch in Wien 1873, Philadelphia 1876 und Chicago 1893 statt. Siehe Werner Plum: Weltausstellungen im 19. Jahrhundert. Schauspiele des sozio-kulturellen Wandels, Bonn-Bad Godesberg 1975; Die Weltausstellung von 1851 und ihre Folgen. The Great Exhibition and ist Legacy, hg. v. Franz Bosbach u. John R. Davis in Zusammenarbeit mit Susan Bennett, Thomas Brockmann u. William Filmer-Sankey, München 2002. Zur deutschen Beteiligung siehe: Barbara Woling: Krupp und die Weltausstellungen im 19. Jahrhundert, in: ebd., S. 293–302; Eckhardt Fuchs: Das Deutsche Reich auf den Weltausstellungen vor dem Ersten Weltkrieg, in: Weltausstellungen im 19. Jahrhundert, hg. v. Eckhardt Fuchs, Leipzig 1999, S. 61–88 (= Comparativ, Jg. 9 (1999), Heft 5/6).

7   Andreas Schüler: Erfindergeist und Technikkritik. Der Beitrag Amerikas zur Modernisierung und die Technikdebatte um 1900, Stuttgart 1990, S. 17.

8   Gottfried Semper, deutscher Architekt und Kunsttheoretiker (29.11.1803–15.5.1879). Biographisches siehe: Lexikon der Kunst. Architektur, bildende Kunst, angewandte Kunst, Industrieformgestaltung, Kunsttheorie. Band VI: R-Stad, Leipzig, 1994, S. 604 f.

9   Hermann Glaser: Industriekultur und Alltagsleben. Vom Biedermeier zur Postmoderne, Frankfurt a. M. 1994, S. 78.

10 Siehe zu diesem Diskurs im 19. Jahrhundert: Volker Neuhaus: Vorwurf Industrie, in: Technik und Industrie in Kunst und Literatur. 5. Akademie-Forum der Rhei-

nisch-Westfälischen Akademie der Wissenschaften. Geisteswissenschaftliche Vorträge. G 293, Opladen 1988, S. 9–26, hier S. 18; H. A. Wulf: „Maschinenstürmer sind wir keine". Technischer Fortschritt und sozialdemokratische Arbeiterbewegung, Frankfurt a. M./New York 1988.

11 Karl Marx/Friedrich Engels: Manifest der Kommunistischen Partei. London 1848. Reproduktion der Erstausgabe, Berlin 1965, S. 6.

12 Siehe zur Grundmustern und Grundtypen des deutschen literarischen Technikdiskurses Carl Wege: Buchstabe und Maschine. Beschreibung einer Allianz, Frankfurt a. M. 2000.

13 Siehe dazu Rudolf Boch: Grenzenloses Wachstum? Das rheinische Wirtschaftsbürgertum und seine Industrialisierungsdebatte, Göttingen 1991; ders.: Staat und Industrialisierung im Vormärz: Das Königreich Sachsen (im Vergleich zu Preußen), in: Figuren und Strukturen. Historische Essays für Hartmut Zwahr zum 65. Geburtstag, hg. v. Manfred Hettling, Uwe Schirmer und Susanne Schötz unter Mitarbeit von Christoph Volkmar, München 2002, S. 355–755.

14 Siehe zu den Codes kollektiver Identität im Deutschland des 19. und beginnenden 20. Jahrhunderts: Bernhard Giesen: Kollektive Identität. Die Intellektuellen und die Nation 2, Frankfurt a. M. 1999, hier S. 189–201.

15 Peter Haslinger (Hg.): Regionale und nationale Identitäten. Wechselwirkung und Spannungsfelder im Zeitalter moderner Staatlichkeit, Würzburg 2000.

16 Monika Gibas: „Industrieller Pioniergeist" und „deutsche Wertarbeit". Die Stilisierung von Industrie- und Wissenschaftsstandorten zu nationalen Wertezentren in der ersten Hälfte des 20. Jahrhunderts – ein Forschungsprojekt der Friedrich-Schiller-Universität Jena, in: Peter E. Fäßler/Susanne Schötz (Hg.): Wirtschafts- und Sozialgeschichte in Diskussion. Beiträge des Dresdner Kolloquiums 2005/2006, Frankfurt a. M. u. a. 2008, S. 181–200; als Beispiele der Aufnahme von Naturwissenschaftlern in den nationalen Kanon der Erinnerungskultur siehe u. a.: Jakob Vogel: Georgius Agricola und die deutsche Nation. Naturwissenschaft und Technik im nationalen Diskurs Deutschlands im 19. und 20. Jahrhundert, in: Ralph Jessen/Jakob Vogel (Hg.): Wissenschaft und Nation in der europäischen Geschichte, Frankfurt a. M. 2002, S. 145–167; Monika Gibas: Das Abbe-Bild in Erinnerungskultur und Traditionspflege der Jenaer Universität, in: Uwe Hoßfeld/Tobias Kaiser/Heinz Mestrup (Hg.): Hochschule im Sozialismus. Studien zur Geschichte der Friedrich-Schiller-Universität Jena (1945–1990), Köln/Weimar/Wien 2007, Bd. 1, S. 1051–1099; dies.: Das Abbe-Bild in der DDR. Deutungskonkurrenzen und Deutungsvarianten in einer reglementierten Geschichtskultur, in: Jürgen John/Justus H. Ulbricht: Jena. Ein nationaler Erinnerungsort?, Köln/Weimar/Wien 2007, S. 517–550.

17 Vgl. dazu vor allem Thomas Rohrkrämer: Eine andere Moderne? Zivilisationskritik, Natur und Technik in Deutschland 1880–1933, Paderborn 1999.

18 Fragen und Antworten zum Zustand der Chemnitzer Industrie. 1827. Diese Quelle, welche die erste schriftliche Erwähnung dieser Idee enthält, ist abgedruckt in: Katrin Keller/Gabriele Viertel/Gerald Diesener (Hg.): Stadt, Handwerk, Armut. Eine Quellensammlung zur Geschichte der frühen Neuzeit, Leipzig 2008, S. 213–220, hier S. 218. Die Idee eines Industriemuseums für Sachsen, in Chemnitz mit immer neuen Anläufen seit 1827 hartnäckig verfolgt, wurde erst 2003 verwirklicht. Vgl. zur Entstehungsgeschichte: Industriemuseum Chemnitz. Augenblicke zwischen gestern und morgen, Chemnitz 2003.

19 Vgl. dazu u. a. Wolfgang Küttler/Jörn Rüsen/Ernst Schulin (Hg.): Krisenbewußtsein, Katastrophenerfahrungen und Innovationen 1880–1945. Geschichtsdiskurs, Bd. 4, Frankfurt a. M. 1997; Uwe Puschner: Die völkische Bewegung im wilhelminischen Kaiserreich. Sprache – Rasse – Religion, Darmstadt 2001; insbes. aber Christi-

an Schwabe: Die deutsche Modernitätskrise. Politische Kultur und Mentalität von der Reichsgründung bis zur Wiedervereinigung, München 2005.

20 So setzten etwa Vertreter der „Konservativen Revolution" in ihren Vorstellungen vom Kampf gegen die bürgerliche Epoche bewusst auf das Rüstzeug der Industriegesellschaft. Der „Schritt vom romantischen Protest zur Aktion, deren Kennzeichen nun nicht mehr die Flucht, sondern der Angriff ist", wie Ernst Jünger in seinem Essay „Der Arbeiter" programmatisch feststellt, sollte sich ja gerade auf die Ressourcen gründen, die mit der modernen Produktion und ihren Organisationsformen gefunden waren. Vgl. Ernst Jünger: Der Arbeiter. Herrschaft und Gestalt, in: ders.: Werke, Bd. 6: Essays I, Stuttgart o. J., S. 9–328, hier. S. 62.

21 Hans-Ulrich Wehler: Deutsche Gesellschaftsgeschichte. Vierter Band. Vom Beginn des Ersten Weltkrieges bis zur Gründung der beiden deutschen Staaten 1914–1945, Frankfurt a. M. 2003, S. 4.

22 Vgl. dazu: Thomas Rohkrämer: Bewahrung, Neugestaltung, Restauration? Konservative Raum- und Heimatvorstellungen in Deutschland 1900–1933, in: Wolfgang Hardtwig (Hg.): Ordnungen der Krise. Zur politischen Kulturgeschichte Deutschlands 1900–1933, München 2007, S. 49–68, hier S. 55.

23 Zur Geschichte der Reichsreformdebatte und der „Mitteldeutschland"-Bilder vgl. ausführlich Jürgen John: „Unitarischer Bundesstaat", „Reichsreform" und „Reichs-Neugliederung" in der Weimarer Republik, in: ders. (Hg.): „Mitteldeutschland". Begriff – Geschichte – Konstrukt, Rudolstadt 2001, S. 297–366.

24 Vgl. dazu Matthias Buchholz: Der Wirtschaftsverband Mitteldeutschland 1921–1936, Halle 1998.

25 Zu den Aktivitäten dieser Einrichtung vgl. Jürgen Kiefer: Die Vortragstätigkeit der „Akademie Gemeinnütziger Wissenschaften" zu Erfurt während der Jahre 1904–1945, hg. v. Akademie Gemeinnütziger Wissenschaften zu Erfurt e. V., Erfurt 1993; ders.: Bio-bibliographisches Handbuch der Akademie Gemeinnützige Wissenschaften zu Erfurt 1754–2004, Erfurt 2004.

26 Vgl. dazu Volker Titel: Die Option Mitteldeutschland. Wirtschaftsräumliche Konzepte in den 1920er Jahren aus Leipziger Perspektive, in: Figuren und Strukturen. Historische Essays für Hartmut Zwahr zum 65. Geburtstag, hg. v. Manfred Hettling, Uwe Schirmer und Susanne Schötz unter Mitarbeit von Christoph Volkmar, München 2002, S. 737–755.

27 Walter Hoffmann: Mitteldeutschland. Das neue Wirtschaftszentrum, Berlin 1925, S. 4.

28 Solche Bilder hatten eine bis in die Zeit um 1800 zurückreichende Tradition. Über diesen langen Zeitraum lassen sich Konjunkturen und Wandlungen solcher „Mitteldeutschland"-Vorstellungen verfolgen, die zeigen, welche Wertestruktur von welchen Deutergruppen wann jeweils auf dieses Raumkonstrukt projiziert worden sind. Vgl. dazu Jürgen John: Gestalt und Wandel der „Mitteldeutschland"-Bilder, in: „Mitteldeutschland" (wie Anm. 23), S. 17–68.

29 Vgl. Monika Gibas: „Deutschlands Mitte" in Meistererzählungen zur deutschen Geschichte, in: dies. (Hg.): Mitten und Grenzen. Zu zentralen Deutungsmustern der Nation, Leipzig 2003, S. 24–37; dies.: Auf der Suche nach dem „Deutschen Kernland". „Mitte"-Mythen im Deutschland der Zwischenkriegszeit (1919 bis 1939) und nach 1990, in: Rainer Gries/Wolfgang Schmale (Hg.): Kultur der Propaganda, Bochum 2005, S. 195–210.

30 Einleitungstext zum Bildband „Das schöne Sachsen" 1/1926, S. 1 f., Autor Erwin Jäger.

31 Ebd., S. 2.

32 Friedrich Schenke: Golpa-Zschornewitz im Wandel der Jahrhunderte, Bad Schmiedeberg (Halle) 1927, S. 5.

33 Ebd., S. 6.

34 Ebd., S. 75.

35 Kirche und Industrie. Vorträge bei der ersten Tagung von Pfarrern aus Industriege-meinden in Mitteldeutschland, hg. im Auftrage der Tagung von Wolfgang Staemm-ler, Pfarrer in Wolfen, Sangerhausen 1927.

36 Hermann Rohrbach: Das Weltbild des Technikers, in: ebd., S. 72–81.

37 Erich Neuß, geb. 11.02.1899 in Frankfurt a. Main, gest. am 28.18.1982 in Halle (Saa-le); 1920–1924 Studium der Nationalökonomie, Wirtschaft u. Geschichte in Hal-le; bis 1928 wissenschaftlicher Mitarbeiter und Leiter der Außenhandelsabteilung bei der IHK Halle; 1928–1933 Direktor des Stadtarchivs Halle und der städtischen Bibliothek; 1933–1936 auf Betreiben der NS-Stadtverwaltung beurlaubt und wiss. Hilfsarbeiter im Amt für Statistik des Magistrats Halle; 1945–1952 Direktor des Stadtarchivs, der städtischen Bibliotheken, des Händel-Hauses u. des Museums Moritzburg in Halle; 1952–1956 freischaffend; 1957–1964 Professor für Landes- und Regionalgeschichte an der Martin-Luther-Universität Halle. Zu Leben und Werk vgl. Erich Neuß. Festkolloquium anlässlich seines 80. Geburtstages. Veranst. v. d. Abteilung wiss. Publizistik der MLU Halle-Wittenberg. Halle 1981.

38 Erich Neuß: Die Entwicklung des mitteldeutschen Wirtschaftslebens und ihre be-völkerungspolitischen Folgen, in: ebd., S. 7–23.

39 Pfarrer Lic. Schenke, Zschornewitz: Die industrialisierte Landgemeinde, in: ebd., 27–31, hier S. 27.

40 Pfarrer Lic. Geipel, Wittenberg: Das Ethos des deutschen Unternehmers, in: ebd., S. 55–71.

41 Ebd., S. 57.

42 Ebd., S. 59 f.

43 Ebd., S. 63.

44 Ebd., S. 66.

45 Ebd., S. 69.

46 Religion und Industrie. Predigt, gehalten bei der Tagung Mitteldeutscher Indus-triepfarrer von Gemeindesuperintendent D. Meyer, Magdeburg, in: ebd., S. 3–6, hier. S. 4 f.

47 „Ringet darnach, daß ihr stille seid und das Eure schaffet und arbeitet mit euren ei-genen Händen, wie wir euch geboten haben." Aus dem neuen Testament: der erste Brief des Paulus an die Thessalonier, Kapitel 4, Vers 11 (1. Thess. 4, V. 11). Jesus zu-geschriebene Worte. Aus der Sammlung und Überlieferung von Worten Jesu. Vgl. zum historischen Hintergrund Bibellexikon, hg. v. Klaus Koch, Eckart Otto, Jürgen Roloff u. Hans Schmoldt. Frankfurt a. M./Wien 1992, S. 552.

48 Walter Hoffmann: Die wirtschaftliche Struktur Mitteldeutschlands, in: ders. (Hg.): Mitteldeutschland (wie Anm. 27), S. 11–13, hier S. 13.

49 Mitteldeutschland. Seine Eigenart und Schönheit, hg. v. Mitteldeutschen Ver-kehrsverband, Sitz Magdeburg. Magdeburg 1928, S. 3.

50 Ebd., S. 4.

51 Walter Hoffmann: Die mitteldeutsche Wirtschaft. Ebenda, S. 5–18. Hoffmann war auch Herausgeber Denkschrift „Mitteldeutschland, das neue Wirtschaftszentrum". Berlin/Halle 1925.

52 Zu dieser Institution siehe Michael Venhoff: Die Reichsarbeitsgemeinschaft für Raumforschung (RAG) und die reichsdeutsche Raumplanung seit ihrer Entste-hung bis zum Ende des Zweiten Weltkrieges 1945 (Arbeitsmaterial. Akademie für Raumforschung und Landesplanung 258), Hannover 2000.

53 1936–1939 herausgegeben von Prof. Dr. Konrad Meyer, ab 1940 von Prof. Dr. Paul Ritterbusch, Hauptschriftleiter Frank Glatzel.

54 Konrad Meyer (15.5.1901–25.4.1973), Professor Dr., Agrarwissenschaftler; Profes-

suren an den Universitäten Jena (Frühjahr bis Herbst 1934); Berlin (ab Herbst 1934 bis 1945) und der Technischen Hochschule Hannover (1956 bis zur Emeritierung 1968); 1935–1940 Gründer und Leiter der „Reicharbeitsgemeinschaft für Raumforschung" (RAG); 1939–1945 Leiter der Hauptabteilung Boden beim „Reichskommissariat für die Festigung des deutschen Volkstums", das dem Reichsführer der SS, Heinrich Himmler unterstand; SS-Oberführer, in dieser Funktion Hauptverantwortlicher für die Ausarbeitung der Denkschrift „Generalplan Ost"; seit 1957 Mitglied der Akademie für Raumforschung und Landesplanung Hannover. Zur Biogr. vgl. Martin Gerhard Bongards: Raumplanung als wissenschaftliche Disziplin im Nationalsozialismus. Marburg 2004; Mechtild Rössler: Konrad Meyer und der „Generalplan Ost" in der Beurteilung der Nürnberger Prozesse, in: „Der Generalplan Ost": Hauptlinien der nationalsozialistischen Planungs- und Vernichtungspolitik, (Schriften der Hamburger Stiftung für Sozialgeschichte des 20. Jahrhunderts), Berlin 1993, S. 356–368; Norbert Podewin (Hg.): Braunbuch. Kriegs- und Naziverbrecher in der Bundesrepublik und in Berlin (West). Reprint der Ausgabe 1968 (83. Aufl.). Mit einer kritischen Würdigung und einem Gespräch mit dem Leiter der damaligen Arbeitsgruppe, Prof. Dr. Gerhard Dengler. Berlin 2002, S. 319, 354.

55 Konrad Meyer: Zur Einführung, in: Volk und Lebensraum. Forschungen im Dienste von Raumordnung und Landesplanung, hg. v. Konrad Meyer, Heidelberg/Berlin/Magdeburg 1938, S. 1.

56 Zum Diskurs und zur Praxis von Raumordnungsvorstellungen in Deutschland vgl. u. a. Volker Klemm: Agrarwissenschaften im „Dritten Reich". Aufstieg oder Sturz? (1933–1945), hg. v. d. Fördergesellschaft Albrecht Daniel Thaer in Zusammenarbeit mit dem Fachgebiet Sozialgeschichte der Agrarentwicklung an der Landwirtschaftlich-Gärtnerischen Fakultät der Humboldt Universität zu Berlin, Berlin 1994; Werner Köster: Die Rede über den „Raum". Zur semantischen Karriere eines deutschen Konzeptes, Heidelberg 2001; Uwe Mai: Rasse und Raum. Agrarpolitik, Sozial- und Raumplanung im NS-Staat, Paderborn u. a. 2002.

57 Hans Schrepfer gilt als einer der wichtigen frühen Vertreter der Wirtschaftsgeografie. Vgl. dazu Eugen Wirth (Hg.): Wirtschaftsgeographie, Darmstadt 1969.

58 Hans Schrepfer: Raum und Volk seit vorgeschichtlicher Zeit, in: Raumforschung und Raumordnung. Monatschrift der Reichsarbeitsgemeinschaft für Raumforschung, hg. v. Prof. Dr. Konrad Meyer. 1. Jg., 1936, Heft 2 (November 1936), S. 59.

59 Ebd., S. 60.

60 Mitteldeutsche Nationalzeitung, Sonderbeilage zum 8. August 1936.

61 Regierungspräsident Dr. Sommer: Deutschlands jüngste Industrielandschaft, in: Land der Mitte. Eine Festschrift zur 50-Jahrfeier der Hallischen Nachrichten, Halle 1939 (der Band im A2-Format ist ohne Seitenangaben).

62 Ebd.

63 Walter Gottfried Klucke: Braune Erde – Schicksalsland, in: ebd.

64 Wille und Werk im Land der braunen Erde. Führer durch die Mitteldeutsche Industrie-Ausstellung 1938. Halle (Saale) 23. September–9. Oktober, Halle 1938, S. 14.

65 Ebd., S. 11.

66 Ebd., S. 14, 22.

67 „Raumordnung in der Mitte des Reiches". Raumforschung und Raumordnung. Monatsschrift der Reichsarbeitsgemeinschaft für Raumforschung, hg. v. Professor Dr. Paul Ritterbusch. Hauptschriftleiter Frank Glatzel, Jg. 4/1940, Heft 1/2, S. 1.

68 Rudolf Jordan war vom 19.1.1931–20.4.1937 Gauleiter des NSDAP-Gaues Halle-Merseburg und vom 20.4.1937–1945 Gauleiter des NSDAP-Gaues Magdeburg-Anhalt (Dessau). Zitiert nach Joachim Lilla: Übersicht der NSDAP-Gaue, der Gauleiter und Stellvertretenden Gauleiter 1933 bis 1945, in: http//www. Shoa.de (aktuali-

sierte Liste vom 1. Juni 2007); Zur Rolle der Gaue im NS-Staat siehe jüngst: Jürgen John/Horst Möller/Thomas Schaarschmidt (Hg.): Die NS-Gaue. Regionale Mittelinstanzen im zentralistischen „Führerstaat", München 2007.

69 Dr. Walter Jander: Die große Linie der mitteldeutschen Entwicklung, in: Raumordnung in der Mitte des Reiches. Raumforschung und Raumordnung, 4/1940, Heft 1–2, S. 2.

70 Ebd., S. XIII.

71 Ebd., S. VI.

72 Ebd., S. 4.

73 Vgl. Zur Wirtschaftsgeschichte der DDR Andrè Steiner: Von Plan zu Plan. Eine Wirtschaftsgeschichte der DDR, München 2004.

74 Vgl. dazu Jörg Rösler: Momente deutsch-deutscher Wirtschafts- und Sozialgeschichte 1945–1990. Eine Analyse auf gleicher Augenhöhe, Leipzig 2006.

75 Dr. Gregor Pick: Technik, Kultur und Sozialismus, Mainz 1947.

76 Vgl. Thomas Rohrkrämer: Eine andere Moderne? Zivilisationskritik, Natur und Technik in Deutschland 1880–1933, Paderborn 1999; Carl Wege: Buchstabe und Maschine. Beschreibung einer Allianz. Frankfurt a. M. 2000; Monika Gibas: Das Land der „lauten Arbeitsinfonie". Die Etablierung neuer Leitbilder der deutschen Mitte im Zeichen des Industriezeitalters, in: Monika Gibas/Rüdiger Haufe (Hg.): „Mythen der Mitte". Regionen als nationale Wertezentren. Konstruktionsprozesse und Sinnstiftungskonzepte im 19. und 20. Jahrhundert, Weimar 2005, S. 111–142.

77 Ralph Jessen/Jakob Vogel: Die Naturwissenschaften und die Nation. Perspektiven einer Wechselbeziehung in der europäischen Geschichte, in: dies. (Hg.): Wissenschaft und Nation in der europäischen Geschichte, Frankfurt a. M./New York 2002, S. 8–37, hier S. 13 f.

78 Kammer der Technik (KDT); gesellschaftliche Organisation der technischen und ökonomischen Intelligenz der DDR, gegründet 1946, aufgelöst 1990. Vgl. zur Geschichte dieser Massenorganisation: Andreas Herbst u. a. (Hg.): So funktionierte die DDR, Bd. 1: Lexikon der Organisationen und Institutionen, Reinbek bei Hamburg 1994, S. 457–463; Gerd-Rüdiger Stephan u. a. (Hg.): Die Parteien und Massenorganisationen der DDR. Ein Handbuch, Berlin 2002, S. 798–804.

79 Bundesarchiv Berlin-Lichterfelde (BArch Berlin), DY/34, 20381: Bericht über die Außerordentliche Tagung der Kammer der Technik am 3. August 1948 in der DWK-Berlin, S. 3.

80 Ebd.

81 Heidebroek, Enno (1876–1955); Maschinenbauingenieur; 1945–1947 Rektor der TH Dresden, 1946–1949 Präsiden der KDT. Weitere biographische Daten in: Helmut Müller-Enbergs u. a. (Hg.): Wer war wer in der DDR? Ein Lexikon ostdeutscher Biographien, Bd. 1 A–L, Berlin 2006, S. 382.

82 BArch Berlin (wie Anm. 10), S. 4.

83 Ebd., Nr. 3, 1.–15. Februar 1955, S. 88 und Nr. 8, 16.–30. April 1955, S. 185 f.

84 Technische Kulturdenkmale. Eine Wanderausstellung. Bearbeitet durch das Institut für Denkmalpflege Dresden, Dresden 1955, S. 3.

85 Vgl. Jakob Vogel: Agricola und die deutsche Nation. Naturwissenschaft und Technik im nationalen Diskurs Deutschlands im 19. und 20. Jahrhundert, in: Ralph Jessen/Jakob Vogel (Hg.): Wissenschaft und Nation in der europäischen Geschichte. Frankfurt a. M./New York 2002, S. 145–167.

86 Weitere biographische Daten in: Müller-Enbergs: Wer war wer (wie Anm. 12), S. 614 f. Zu seiner wissenschaftshistorischen Einordnung: Nachdenken über Technik. Die Klassiker der Technikphilosophie, hg. v. Christoph Hubig, Alois Huning u. Günter Ropohl, Berlin 2000, S. 233 f.

87 Hermann Ley: Dämon Technik? Berlin 1961; ders.: Technik und Weltanschauung.

Einige philosophische Konsequenzen der wissenschaftlich-technischen Revolution, Leipzig/Jena/Berlin 1969.

88 Hans Freyer: Theorie des gegenwärtigen Zeitalters. Stuttgart 1955; Zu Freyer siehe u.a.: H. Remmers: Hans Freyer. Heros und Industriegesellschaft, Opladen 1994.

89 Walter Ulbricht (1893–1973) war über zwanzig Jahre erster Mann im Staat DDR: 1946–1950 de facto stellv. Vorsitzender der SED; 1953–1971 Erster Sekretär des ZK der SED; 1949–1955 Stellv. u. 1955–1960 Erster Stellv. d. Vorsitzenden d. Ministerrates d. DDR; 1973 Vorsitzender des Staatsrates der DDR. Zur Biografie siehe: Norbert Podewin: Walter Ulbricht. Eine neue Biographie, Berlin 1995.

90 Die Aufgaben der Wissenschaft und Forschung. Aus der Rede des Stellvertreters des Ministerpräsidenten, Walter Ulbricht, auf der Konferenz mit Wissenschaftlern und Ingenieuren am 16. Juni 1954 in Berlin, in: Wissenschaftliche Beilage des Forums, Nr. 26, 25. Juni 1954, S. 2.

91 Vgl. Hubert Laitko: Produktivkraftentwicklung und Wissenschaft in der DDR, in: Clemens Burrichter/Detlef Nakath/Gerd-Rüdiger Stephan (Hg.): Deutsche Zeitgeschichte von 1945 bis 2000. Gesellschaft – Staat – Politik. Ein Handbuch, Berlin 2006, S. 475–540, hier. S. 494.

92 Vgl. dazu Matthias Wagner: Der Forschungsrat der DDR. Im Spannungsfeld zwischen Machtkompetenz und Ideologieanspruch, Diss. Berlin 1992.

93 Walter Ulbricht: Der Kampf um den Frieden, für den Sieg des Sozialismus, für die nationale Wiedergeburt Deutschlands als friedliebender, demokratischer Staat. Hauptreferat zur Eröffnung der Verhandlungen des V. Parteitages der SED am 10. Juli 1958, in: Protokoll der Verhandlungen des V. Parteitages der SED, 10. bis 16. Juli 1958, Bd. 1, Berlin 1959, S. 86–221, hier S. 86.

94 1958 wurde Selbmann des „Managertums" und der Unterstützung einer Verschwörergruppe um Karl Schirdewan und Ernst Wollweber bezichtigt. Seit 1964 wirkte er erfolgreich als freiberuflicher Schriftsteller. Zu seiner Biografie siehe: Müller-Enbergs: Wer war wer (wie Anm. 12).

95 Fritz Selbmann/Gerhart Ziller: Die neue Epoche der technischen Entwicklung, Berlin 1956.

96 Fritz Selbmann: Ein Zeitalter stellt sich vor, Berlin 1957.

97 Ebd., S. 21–26, hier S. 26.

98 Ebd., S. 7.

99 Unser Deutschland, hg. im Auftrage des Zentralen Ausschusses für Jugendweihe in der Deutschen Demokratischen Republik, Berlin 1957, S. 9.

100 Bertolt Brecht: Kinderhymne, in: ebd., S. 11.

101 Ebd., Farbtafel 7.

102 Ebd., Farbtafel 9.

103 Ebd., Farbtafel 11.

104 Ebd., Farbtafel 15.

105 Wolfgang Neuhaus: Rote Sterne über schwarzer Erde, in: ebd., S. 425–429.

106 Rudolf Reinhardt: Entfesselte Kohle, todsichere Autos, hellsichtige Filme. Erfindungen, die wir deutschen Nationalpreisträgern verdanken, in: ebd., S. 431–437, hier S. 435.

107 Klaus Beuchler: Im Flug über die Neubauten des Sozialismus. Mit der Lufthansa durch die DDR, in: ebd., S. 478–484, hier S. 483.

108 Karl Kneschke: Über den neuen Heimatbegriff, in: Natur und Heimat. Eine Monatsschrift mit Bildern. 7 (1958), Heft 1, S. 1–4, hier S. 4.

109 J.A. Hauf: Der Industrieriese an Lober und Leine, in: ebd., Jg. 7 (1958) Heft 10, S. 301–304, hier S. 304.

110 Das „Chemieprogramm" wurde von der „Zentralen Chemiekonferenz" des ZK der SED und der Staatlichen Plankommission der DDR (3./4.11.1958 in Leuna) be-

schlossen und stand unter der Losung: „Chemie gibt Brot, Wohlstand und Schön-
heit." Zur Geschichte der Propagierung dieses Programms siehe: Stefan Paul: 1959:
Die Geburt des „Dederon" aus dem Geiste des Kapitalismus, in: Wiedergeburten.
Zur Geschichte der runden Jahrestage der DDR, hg. v. Monika Gibas, Rainer Gries,
Barbara Jakoby u. Doris Müller. Leipzig 1999, S. 91–95.

111 Günther Rüther: „Greif zur Feder Kumpel". Schriftsteller, Literatur und Politik in
der DDR 1945–1990; Marcus Gärtner: Weimar und Bitterfeld. Vom Umgang mit
den kulturellen Traditionen im technischen Zeitalter, in: Weimarer Klassik in der
Ära Ulbricht, hg. v. Lothar Ehrlich und Gunther Mai, Köln/Weimar/Wien 2001,
S. 319–341.

112 Monika Maron: Flugasche, Berlin 2009.

Marina Ahne/René Hempel

Magdeburg – Kontinuitäten und Brüche im Identitätsdiskurs einer städtischen Industrielandschaft seit dem 19. Jahrhundert

Magdeburg: auf dem Weg zur Industriestadt

Das im Jahr 805 erstmals urkundlich erwähnte Magdeburg wurde unter Otto dem Großen zu einer wichtigen Kaiserpfalz ausgebaut, die sich im Mittelalter zu einer bedeutenden Handels- und Messestadt entwickelte. Erst durch die Plünderung Magdeburgs während des Dreißigjährigen Krieges durch die Truppen des Feldherren Tilly im Jahr 1631 wurde der Blütezeit der Stadt ein jähes Ende bereitet. Die totale Zerstörung der Stadt rief europaweit Entsetzen und Unverständnis hervor und ging daher in den frühneuzeitlichen Sprachgebrauch als „Magdeburgisieren" ein. Im Zuge des Westfälischen Friedens 1648 wurde Magdeburg dem aufstrebenden Brandenburg-Preußen zugesprochen, das die im Wiederaufbau befindliche Stadt schrittweise zu einer seiner stärksten Festungen ausbaute.

Seit dem beginnenden 19. Jahrhundert hatte sich ein weitgehend negatives Bild Magdeburgs verfestigt. So schrieb etwa Karl Leberecht Immermann (1796–1840), einer der berühmtesten Dichter der Stadt, im Jahr 1827 an seinen Freund Karl August Varnhagen von Ense, in

Wappen von Buckau

Magdeburg gebe es „nur Kanonen, Beamte und Krämer, und die Fantasie fehlt in der Seelenliste gänzlich. Wenn man die Poesie glücklich ausrotten wollte, so müßte man die Dichter nach Magdeburg senden."[1]

Zu Beginn des 19. Jahrhunderts gingen von der Landwirtschaft in der Region Magdeburgs wichtige Impulse für einen neuen Wirtschaftszweig aus. Denn sowohl für die nun beginnende Mechanisierung der Landwirtschaft wie auch für die Weiterverarbeitung landwirtschaftlicher Produkte brauchte es Maschinen. So entwickelte sich in den Vorstädten Magdeburgs der Maschinenbau. Die neue Identität des Magdeburger Vorortes Buckau, eines frühen Stadtortes des Magdeburger Maschinenbaus, spiegelte sich auch im Wappen. Neben den Symbolen des Eisenbahnverkehrs und Handwerks ist auch das Zahnrad als Zeichen des Maschinenbaus zu sehen.

Schließlich ebneten die Eingemeindungen der Vororte Sudenburg (1867), Neustadt (1886) und Buckau (1887) dem alten Handels- und Verwaltungszentrum den Weg zu einer modernen Industriestadt. Damit wuchs das alte Magdeburg über den Festungsgürtel hinaus, so dass sich die Einwohnerzahl von etwa 50.000 im Jahr 1840 auf 202.000 im Jahr 1890 erhöhte.

Die Darstellung Magdeburgs als wichtige Industriestadt des „langen 19. Jahrhunderts"

Die Eingemeindungen fielen in eine Zeit rasanter Entwicklungen. Zwar überwogen in weiten Teilen der Bevölkerung zunächst Skepsis und Angst gegenüber der neuen Technik. Rauchende, dampfende und lärmende Maschinen waren den Menschen fremd und den meisten suspekt, wie an dem im Volksmund kursierenden Namen für die Neustädter Dampfbrauerei „A. & H. Wernecke" ersichtlich wird: Sie wurde „Werneckes Leichenstein"[2] genannt. Doch wichen diese Zweifel spätestens seit den 1880er Jahren, als die Arbeit in den Fabriken zum Alltag eines Großteils der Bevölkerung wurde. Der Magdeburgische Raum war nun ein bedeutendes Industrierevier des Deutschen Kaiserreiches. Im Arbeitsalltag erwies sich der technische Fortschritt als echte Hilfe, denn die Maschinen erleichterten nun die meist schwere körperliche Arbeit. Ein Werbeplakat des Kessel- und Eisenbauunternehmens Stiegler verwies eindrücklich auf diese neuen Möglichkeiten des technischen Fortschritts für die Verbesserung der Arbeitswelt.

Die Industrialisierung der Magdeburger Region ging hauptsächlich

Reklameanzeige der Stiegler Kessel- und Eisenbau-Aktiengesellschaft Magdeburg

vom Maschinenbau aus. Aber auch der Sektor der weiterverarbeitenden Nahrungs- und Genussmittelindustrie bildete ein wichtiges Standbein der städtischen Wirtschaft. Ein ganz entscheidendes und auch überregional ausstrahlendes wirtschaftliches Gewicht hatten die Maschinenbauunternehmer Robert Wolf und Hermann Gruson. Sie gehörten zu den ersten Akteuren, die die Außendarstellung der Stadt Magdeburg mitprägen

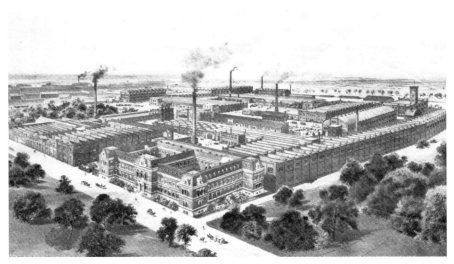

Die Gruson-Werke um 1900

wollten. So propagierten verschiedene Protagonisten der Magdeburger Großindustrie in einer Festschrift 1882 ein neues Bild von der Stadt. In Abgrenzung zum Image, das Magdeburg als hässlich, ungemütlich und ohne „geistige Atmosphäre" beschrieb, hoben die Mitglieder des VDI die Industrie der Stadt hervor: „Wie anders heute! Seit der Einverleibung der dicht vor der Altstadt gelegenen Städte Sudenburg (1867), Neustadt (1886) und Buckau (1887), seit der Stadterweiterung nach 1870 in süd- und westlicher Richtung, seit Ankauf der Nordfront und Aufhebung der drückenden Rayonverhältnisse (Febr. bis Mai 1891) ist die Stadt nicht nur größer und anschaulicher, sondern auch gesünder drinnen wie draußen und schöner geworden und darf sich heute, wo sie über 200.000 Seelen zählt, mit jeder anderen ihrer Größe getrost messen."[3]

Besonders die Unternehmer der größeren Fabriken konnten mit ihren finanziellen Möglichkeiten Werbeanzeigen und Bilder in Auftrag geben. Stolz ließen sie ihre Fabriken, Wohnhäuser und Produkte malen. Eingebettet in die städtische Landschaft Magdeburgs ragten die Fabriken mit ihren rauchenden Schornsteinen, damals ein positives Bild, hervor. Damit prägten sie nachhaltig und auch über die Region hinausreichend das Bild von der Stadt. Hermann Gruson und Rudolf Wolf standen im 19. Jahrhundert für ein von der Industrie geprägtes Magdeburgbild. Die Magdeburger Maschinenbauindustrie wurde zum wirtschaftlichen Aushängeschild der Stadt. Häufig wurde dem „modernen" Magdeburg das alte Magdeburg entgegengestellt. So sei es „bis in die siebziger Jahre [für]

Offiziere und Beamte, die nach Magdeburg versetzt wurden, wie in eine Verbannung zu gehen […]."[4] Die „engen, dumpfen Mauern"[5] des Festungsterrains hätten jegliche Form des freien Lebens erstickt und die Entwicklung der Stadt erheblich gehemmt. Obwohl die Stadt Magdeburg ein wichtiges Verwaltungszentrum der preußischen Behörden blieb, gelang es, diese Bedeutungsebene in den Außendarstellungen der Stadt zu verdrängen. Hervorgehoben wurden stattdessen die Standortvorteile und die damit verbundenen Möglichkeiten für die Industrie.

Die Industriemalerei und Werbung des ausgehenden 19. Jahrhunderts entwarf für Magdeburg ein Bild der Moderne und des Aufbruchs. Rauchende Schlote, die als Symbol der Industrialisierung und Technisierung fungierten, wurden als wichtiges Element des städtischen Lebens dargestellt. Auch wenn das mittelalterliche Magdeburg mit dem Dom und dem Kloster „Unser lieben Frauen" als alte Wahrzeichen erkennbar bleibt, zeigt das Bild einer von Licht erhellten Fabrik eine Stadt der Betriebsamkeit und Rastlosigkeit.

Auch viele politische Vertreter der Stadt fühlten sich der industriellen Großstadt verpflichtet. 1891 wurde den Bedürfnissen der Industrie entsprechend die „Maschinenbauschule für Werkmeister" als städtische

FABER'SCHE BUCHDRUCKEREI, MAGDEBURG

Druckentwurf der Faber'schen Buchdruckerei Magdeburg für eine Reklameanzeige, um 1900

Schule gegründet. Die Ausrichtung der städtischen Bildungslandschaft spiegelte die Entwicklung der Magdeburger Industrie. Damit gingen die Stadtentwicklung und die Selbstdarstellung der Magdeburger Großindustrie Hand in Hand. Bei der Konstruktion des Stadt-Images verschmolzen politische und wirtschaftliche Interessen.

Nach der Jahrhundertwende vergrößerte sich schließlich der Kreis der Akteure, die an der Konstruktion des Magdeburg-Bildes mitwirken wollten, erheblich. Neben den Großindustriellen setzten sich nun auch die Honoratioren der Stadtverwaltung für die Fremdenverkehrswerbung ein. Bereits ein Jahr nach der Gründung des „Vereins zur Hebung des Fremdenverkehrs e. V." erschien ein erster einladender Wegweiser durch Magdeburg, der 1906 als Imagebroschüre publiziert wurde. Wieder wurde auf das Bild der Festungsstadt Magdeburg Bezug genommen und polemisch gefragt: „[…] und sie raten mir im Ernst zu einer Fahrtunterbrechung in Magdeburg?"[6] Dem alten Bild der Stadt wurden nun aber die Vorzüge einer neuen Großstadt gegenübergestellt: „Und Magdeburg hat eine vielverheißende Gegenwart. Wer die Stadt vor etwa vierzig Jahren gekannt hat und heute zu ihr zurückkehrt, kennt sie nicht wieder. Einst ein Convolat von eng aneinander gedrängten, von Luft und Licht abgesperrten Häuschen gab es doch eine Zeit, wo man als ein schlimmer Patriot angesehen wurde, wenn man von der ‚Stadt' und nicht von der „Festung" Magdeburg zu reden wagte!" Nun aber habe die Stadt „durchaus das charakteristische Gepräge der modernen Großstadt: breite freundliche Straßenzüge, vornehme Villenviertel, überall Luft und Licht, sodaß es eine Freude ist, dieses neue Magdeburg zu durchwandern."[7]

Aber nicht nur die am Tourismus Interessierten arbeiteten an einem positiven Magdeburg-Bild. Auch die Werbung der bedeutenden Unternehmen der Stadt leistete dazu einen Beitrag. Vor allem die Maschinenbauunternehmen präsentierten sich als bestimmendes Element des städtischen Lebens. So hob etwa eine Werbeanzeige der Maschinenfabrik Buckau die Internationalität des Unternehmens hervor: Neben Fabriken in Aussig (heute Usti nad labem/Tschechien), Paris, Warschau und Manchester standen die Stammwerke in Magdeburg-Buckau im Fokus der bildlichen Darstellung. Auch wenn Magdeburg keine Metropole war, befand sich die Stadt aus der Sicht des Unternehmens hinsichtlich seiner Industrie auf einer Ebene mit Warschau (1910: ca. 780.000 Einwohner) oder auch Paris (1910: ca. 2,8 Mio. Einwohner).

Die Kontinuität der Darstellung der großen Magdeburger Maschinenbauunternehmen stellt einen wichtigen Beitrag für die Verfestigung des Bildes einer industriellen Großstadt dar.

Mit Beginn des Ersten Weltkriegs 1914 stieg die Bedeutung und auch

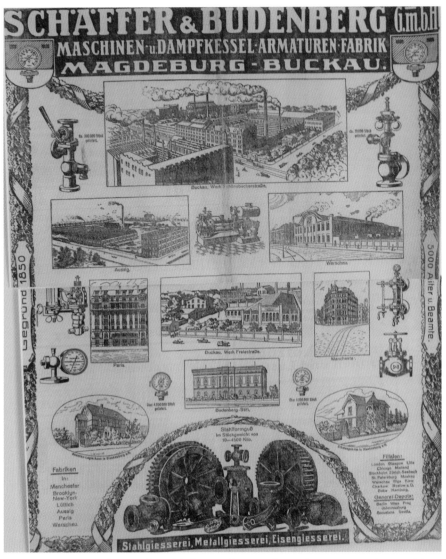

Reklameanzeige für die Maschinenfabriken Buckau aus der „Kaiser-Nummer der Magdeburgischen Zeitung" von 1913

der Bekanntheitsgrad vor allem derjenigen Unternehmen über Stadt und Region hinaus, die auch für die Rüstungsproduktion relevant waren, wie die Unternehmen Krupp-Gruson und Polte. Eine 1915 herausgegebene Postkarte der Krupp-Gruson-Werke Magdeburg erzählt von Kraft, Größe und Stärke des Magdeburger Unternehmens, das in eine idealtypische Landschaft aus Stadt und Natur eingebettet ist.

Ansichtskarte der Krupp-Gruson Werke Magdeburg von 1915

Magdeburg in der Weimarer Republik:
„Metropole Mitteldeutschlands" – „Das Neue Magdeburg" –
„Rote Stadt im Roten Land"?

Nach dem Ersten Weltkrieg versuchte der Magdeburger Fabrikant und nationalliberale Kommunalpolitiker Carl Miller an die schon vor dem Krieg entworfene und nun weiterentwickelte Idee eines „Groß-Magdeburgs" anzuknüpfen. Diesem Konzept zufolge sollte „Groß-Magdeburg" durch gesteigerte Wirtschaftskraft und räumliche Ausdehnung seine Position als Wirtschaftsmetropole Mitteldeutschlands ausbauen. Als Begründer des Verbandes Mitteldeutscher Verkehrsvereine und als Präsident des Bundes Deutscher Verkehrsvereine agierte Miller an der Spitze großer Interessenverbände, um Magdeburgs Bedeutung für ganz Deutschland herauszuarbeiten. Mehrere Bücher, die sich mit dem mitteldeutschen Raum auseinandersetzten, gründeten auf seiner Idee. So befeuerte seine Vision eines einheitlichen Wirtschaftsraumes Mitteldeutschland sowohl die Magdeburger Wirtschaftskreise als auch die politischen Vertreter der Stadt.

Bereits 1921 gründete sich der Mitteldeutsche Wirtschaftsverband, um die Interessen der wirtschaftlichen Eliten zu vertreten. Der Verband versuchte die im mitteldeutschen Wirtschaftsraum bestehenden Interessen zu bündeln, scheiterte aber an den unterschiedlichen Auffassungen über die Grenzen des mitteldeutschen Raumes. Magdeburger Industrielle gründeten daher einen eigenen Wirtschaftsverband für den Regierungsbezirk Magdeburg, dessen Vorsitzender bis 1931 der Magdeburger Oberbürgermeister Hermann Beims war. Als Industrie-, Handels- und Elbschifffahrtsmetropole fühlte sich Magdeburg den Ländern Anhalt und Braunschweig weit mehr verbunden als den thüringischen Kleinstaaten. Schließlich fand eine Konzentration auf den Regierungsbezirk statt, wobei die großstädtische Industrie den Ton angab.

Dabei wurde das Projekt „Groß-Magdeburg" bzw. „Metropole Mitteldeutschland" nicht nur von einflussreichen Wirtschafts- und Kulturkreisen der Stadt, sondern auch von der sozialdemokratischen Magistratsmehrheit getragen. Magistrat, Handelskammer und Verkehrsverein veröffentlichten 1922 die Sammelschrift „Magdeburg. Seine Entwicklung. Seine Zukunft." Die Autoren entwarfen die Vision vom Aufstieg Magdeburgs zu einer modernen Großstadt mit 500.000 Einwohnern, die das uneingeschränkte politische, wirtschaftliche und kulturelle Zentrum der Region werden sollte. Auch auf dem kulturellen Feld agierte der Magdeburger Unternehmer und Kommunalpolitiker Carl Miller mit großem Engagement. Hier versuchte er, die Bedeutung, die Magdeburg in der frühen Neuzeit hatte, wieder in das öffentliche Bewusstsein der Stadt zu heben. Denn eng verbunden mit dem Metropole-Gedanken, der auf die Wirtschaftskraft Magdeburgs abhob, war der Versuch, die Stadt auch als kulturell interessanten Ort aufzuwerten. Der Magistrat unternahm enorme Anstrengungen, Magdeburg zu einem Ausstellungszentrum europäischen Ranges zu entwickeln. So erwies sich die durch Carl Miller seit 1919 beförderte, im Jahr 1922 schließlich realisierte Mitteldeutsche Ausstellung für Siedlung, Sozialfürsorge und Arbeit (MIAMA) als ein wichtiges Werbeprojekt für die Stadt. Die MIAMA sollte den „Groß-Magdeburg"-Gedanken pflegen und deutschlandweit bekannt machen.

Reichsweit bekannt waren die „Allgemeine Nahrungs- und Genussmittelausstellung" 1923, die Ausstellung „Gas, Wasser, Elektrizität" 1924 und die „Mitteldeutsche Handwerksausstellung" 1925. Unter Miller entwickelten sich die Magdeburger Messen zu einer der ersten Adressen im deutschen Messewesen. Kultureller Höhepunkt der Ausstellungsserie war schließlich die „III. Deutsche Theaterausstellung 1927", die in Zusammenarbeit mit dem Theatermuseum München ausgerichtet wurde.

Auf Basis seiner Branchenvielfalt und verkehrsgünstigen Lage sollte Magdeburg die neue „Hauptstadt Mitteldeutschlands" werden. Dass die wirtschaftliche Bedeutung der Region auch im deutschlandweiten Maßstab gewachsen sei, begründete man mit dem Verlust „wichtiger Grenzländer" sowie damit, dass die Region im Unterschied zu anderen „geschützt vor jeder feindlichen Bedrohung" und damit von großem Interesse für die Wirtschaft Deutschlands sei. Umgeben von der Magdeburger Börde, der „goldenen Aue"[8], sah die Großindustrie Magdeburgs die Stadt als den „industriellen Brennpunkt" Mitteldeutschlands und ei-

Postkarte der Mitteldeutschen Ausstellung für Siedlung, Sozialfürsorge und Arbeit in Magdeburg 1922

nen der wichtigsten „Konzentrationspunkte des Maschinenbaus."[9] Eine wirtschaftliche Analyse der Stadt zeigte allerdings, dass die Maschinenbauindustrie ihr Monopol als Kernindustrie der Stadt Magdeburg zu verlieren begann. Der Mitteldeutsche Wirtschaftsverband arbeitete daher in den 1920er Jahren intensiv am Aufbau einer neuen Industrielandschaft. Der mitteldeutsche Raum sollte „hauptsächlich ein wahrgenommener Wirtschaftsraum" sein, der über eine „bodenständige Industrie" und eine „ausgezeichnete Verkehrslage" verfüge, der aber auch als ein „Gebiet voller landschaftlicher Reize und Schönheiten" gesehen werden könne. Magdeburg hatte im mitteldeutschen Raum als ein Zentrum der „Eisen- und Maschinenindustrie, Nahrungsmittelgewerbe [und] chemischen Großindustrie"[10] eine herausragende Bedeutung. Vor allem mit dem Anschluss der Region an den Mittellandkanal gelang es den Stadtbehörden, mehrere zukunftsträchtige Großunternehmen für den Standort zu gewinnen. Das „Mitteldeutsche Industriezentrum Rothensee" wurde Hauptansiedlungsort der Chemie- und Elektroindustrie. Diese neuen Industriezweige gewannen zunehmend an Bedeutung.

Dennoch blieb die Maschinenbauindustrie für die Identität der Stadt weiterhin prägend. Sie war nach Ansicht des Magdeburger Oberbürgermeisters Hermann Beims der „sichtbare Ausdruck eine[r] Verbindung des Aeltesten, Ehrwürdigsten und des Neuesten, Zukunftsfrohen!"[11]. Nicht nur die wirtschaftlichen und kulturellen Eliten Magdeburgs arbeiteten an

Industriegemälde des Industriegeländes Rothensee, 1930er Jahre

der Außendarstellung der Stadt. Auch für die deutsche Sozialdemokratie war Magdeburg eine politische Hochburg. Es war die einzige Großstadt im Deutschen Reich, welche in der gesamten Zeit der Weimarer Republik einen sozialdemokratischen Oberbürgermeister hatte. Zudem hatte der sozialdemokratisch dominierte „Reichsbanner Schwarz-Rot-Gold" seit 1924 seine Reichszentrale in der Stadt. Entsprechend gestaltete sich auch die sozialdemokratische Erzählung zu Magdeburg. Die sozialdemokratische Erfolgsgeschichte Magdeburgs sollte Vorbildcharakter haben. Sichtbaren Ausdruck fand diese Vision abermals in den Worten Hermann Beims im Jahr 1927: „Das junge Magdeburg reckt seine Arme. Die Lage zum mitteldeutschen Industriegebiet, die Bodenschätze in der Nähe, die sehr starke Landwirtschaft vor seinen Toren, die großen Verkehrswege von West nach Ost, von Süd nach Nord verbürgen dieser Stadt eine die Generation überdauernde Bedeutung. […] Die Zeit ist endgültig vorbei, in der sich die Magdeburger mit fatalistischer Ergebenheit als Festungsgefangene betrachten. Vorüber ist die Zeit, in der Magdeburg als eine tote Stadt angesehen werden durfte. […] Dem jungen Magdeburg gehört in Mitteldeutschland die Zukunft."[12]

Magdeburg wurde in diesen Erzählungen zu einer Stadt, die über alle Ressourcen und Möglichkeiten verfügte und damit ein besseres Leben für ihre Einwohner gewährleisten konnte. In Magdeburg fanden die mit dem Sozialismus verbundenen Hoffnungen und Ideale einer zukünftigen besseren Gesellschaft ihren Ausdruck in der Vorstellung einer entstehenden „Metropole Mitteldeutschlands".

Das Bild Magdeburgs wies nun viele Facetten auf. Während der Phase der „Goldenen Zwanziger" stand der Wille zur Erneuerung des städtischen Lebens im Zentrum allen politischen Handelns: Es ging – ganz im Zeichen der Moderne – um Formen „neuen Bauens" und „neuen Lernens", verbunden mit der Vision des Sozialismus und damit einer „neuen Gesellschaft". Entsprechend der Vielfältigkeit eines städtisch-gesellschaftlichen Lebens wurde in vielen Bereichen ein „neues Magdeburg" propagiert.

Der Reichsparteitag der SPD, der 1929 in Magdeburg stattfand, bot eine herausragende Möglichkeit, diese neue sozialdemokratisch inspirierte Lesart von der sozialen Stadt, der „Roten Stadt im roten Land", über die Region hinaus bekannt zu machen. Entsprechend stolz wurde in der sozialdemokratischen Festschrift mit dem Titel „Magdeburg. Rote Stadt im roten Land" eines der neuen städtischen Prestigeobjekte präsentiert, die neue Stadthalle.

Über der modernen Stadthalle (gebaut 1926/27) verschwindet das mittelalterliche Magdeburg auf dem Plakat des SPD-Parteitages 1929 zu einer fernen Vergangenheit. Das neue Bild von der „Roten Stadt im roten Land" wurde offensiv propagiert. Der erhoffte Effekt, die landesweite Aufmerksamkeit für den Reichsparteitag der SPD zu nutzen, um Magdeburgs Wahrnehmung als moderne Stadt mit Entwicklungspotenzial zu

„Rote Stadt im roten Land" war der Titel des Werbeplakates des SPD-Parteitages 1929

befördern, trat allerdings nicht ein. Die „Rote Stadt im roten Land", das von der Sozialdemokratie propagierte neue Leitbild Magdeburgs, hatte sich aber zumindest in das kollektive Bewusstsein eines Großteils der Einwohner der Stadt eingeschrieben. Denn der Anteil der Magdeburger, die der Sozialdemokratie angehörten oder ihr politisch nahestanden und dieses Selbstbild stützen, war während der Weimarer Zeit bedeutend. Hier hatte die Reichszentrale des Schutzbundes „Reichsbanner Schwarz-Rot-Gold" ihren Sitz – aber auch die Reichszentrale des „Stahlhelms", des paramilitärischen Verbandes der Deutschnationalen Volkspartei (DNVP) war hier beheimatet. Bei den Reichtagswahlen im Mai 1924 erreichte die SPD im Wahlkreis Magdeburg mit 32 Prozent den höchsten Stimmanteil. Die DNVP als zweitstärkste Kraft bekam 23,7 Prozent. Im Jahr 1928 fiel das Verhältnis mit 43 Prozent für die SPD noch klarer aus, die DNVP erreichte nur noch 16,2 Prozent.[13] In Magdeburg konnte die SPD daher ihre Führungsrolle als gestaltende Kraft kommunaler Angelegenheiten und als Propagandist des Selbstbildes lange wahren.

Die Nationalsozialisten blieben angesichts dieser politischen Ausrichtung Magdeburgs länger als in anderen Städten und Regionen Deutschlands eine unbedeutende politische Kraft. Ihre Reichstagswahlergebnisse im Wahlkreis Magdeburg lagen im Mai 1924 bei nur 3,0 Prozent, im Mai 1928 kam die NSDAP sogar nur noch auf 1,7 Prozent der Wählerstimmen.[14] Das änderte sich erst in der großen Weltwirtschaftskrise ab 1929. Bei den Reichstagswahlen im Jahr 1930 avancierte die NSDAP im Wahlkreis Magdeburg zum neuen Sammelbecken rechter und rechts-konservativer Kräfte und erreichte nun 19,5 Prozent. Aber auch noch zu diesem Zeitpunkt, mitten in der Krise, blieb die SPD mit 37,2 Prozent Stimmanteil stärkste Kraft.[15]

Erst bei den Wahlen im Juli 1932 konnte die NSDAP mit 43,8 Prozent Wählerstimmen die Vormachtstellung der Sozialdemokraten in Magdeburg brechen. Die SPD war nun mit 32,3 Prozent nur noch zweitstärkste Partei.[16]

Die Darstellung Magdeburgs während der Zeit des Nationalsozialismus

Das alte Bezirks- und Verwaltungszentrum Magdeburg, eine Hochburg der Sozialdemokratie in der Weimarer Republik, wurde mit der Machtübernahme der Nationalsozialisten 1933 symbolisch in die zweite Reihe gedrängt. Die einstige anhaltische Residenzstadt Dessau avancierte zur Gauhauptstadt Anhalt-Magdeburgs und damit zum macht-politischen Zentrum der Region.[17] In diesem Sinne wurde der Gau in der 1937 herausgegebenen Publikation „Volk und Kultur im Gau Mag-deburg-Anhalt" fast ausschließlich durch die anhaltischen Städte und deren Geschichte repräsentiert. Die Leistungen und Errungenschaften der Magdeburger Industrie sowie der Stadt Magdeburg rückten die Nationalsozialisten in den Hintergrund. Die Aufmerksamkeit, die Mag-deburg für sich in Anspruch nehmen konnte, war nun ausschließlich auf seine frühe mittelalterliche Geschichte als „Stadt Ottos des Gro-ßen" reduziert, hier anschaulich auf einer Karte über die wirtschaftli-che Struktur des Gaus Magdeburg-Anhalt dargestellt: Während allen Städten ein wirtschaftliches Symbol zugeordnet ist, steht für die Stadt Magdeburg der Dom als Synonym, die letzte Ruhestätte Kaiser Ottos I. (912–973).

Magdeburg, das Herz des Reiches Ottos des Großen, propagierten die lokalen NS-Größen nun als „Stadt der Mitte". Es wurde also wieder an die geografische Lage der Stadt angeknüpft. Der Slogan „Stadt der Mitte" blieb scheinbar unpolitisch und war keineswegs mit den „starken" Titeln, die Nürnberg („Stadt der Reichsparteitage") oder München („Stadt der Bewegung") innehatten, zu vergleichen. Auch der lokale Magdeburger Verkehrsverband knüpfte nun an diese neue Zuschreibung an. Neben der geografischen Mittellage Magdeburgs rückte auch er den Dom als Syno-nym Magdeburgs in den Vordergrund, so dass dieser eine entscheidende Bedeutung für die Außendarstellung der Stadt gewann.

Im 1938 für ein gesamtdeutsches Publikum veröffentlichten „Buch der deutschen Gaue" nimmt der Gau Magdeburg-Anhalt eine ähnliche Stellung ein. Anhand des in dieser Schrift enthaltenen Aufsatzes „Na-tionalsozialistische Aufbauarbeit im Herzstück des Reiches" wird nun auch der Industrie wieder eine gewisse Bedeutung bei der Konstruktion nationalsozialistischer Identifikationsangebote für die Metropole an der Elbe zugedacht. In diesem Text nimmt die Magdeburger Industrie bei der Repräsentation der Stadt einen weitaus höheren Stellenwert ein als im 1937 veröffentlichten „Volk und Kultur im Gau Magdeburg-Anhalt". Magdeburgs Industrie wurde nun als Einheit mit der Landwirtschaft „in Szene" gesetzt: „[…] einen Gau, dem im Rahmen des Wiederaufbaues des Reiches gewaltige Aufgaben gestellt wurden und in dem Tag um Tag die Sirenen heulen, die Motoren donnern und aus riesigen Schornsteinen der Rauch zum Himmel steigt. Sie zeigt uns aber auch einen Gau, in dem der Pflug die fruchtbaren Schollen des Bördebodens umbricht, der Sä-mann mit wiegendem Schritt über die Äcker schreitet und hochbeladene Erntewagen in die Scheune fahren. Das ist vielleicht das Wundervollste

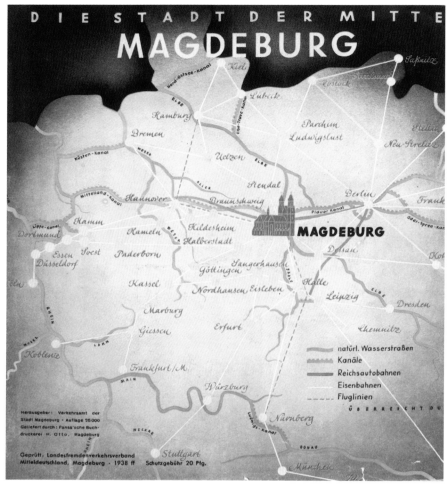

Plakat des Verkehrsverbandes Magdeburg von 1938: „Magdeburg - Die Stadt der Mitte"

an diesem Gau Magdeburg-Anhalt, daß er in gleichem Maße ein Gau der Industrie und der Landwirtschaft ist."[18]

Das Bild der Einheit von Industrie und Landwirtschaft lässt sich bereits in einer 1937 veröffentlichten Werbeanzeige der Magdeburger Diamant-Brauerei finden. Industrie und Landwirtschaft sind keine Gegensätze, sondern eine wirtschaftliche und gesellschaftliche Einheit. Der Stadt-Land-Gegensatz verschwindet aufgrund der gegenseitigen Abhängigkeit der Menschen, passend zur gesellschaftlichen Vorstellung der Nationalsozialisten einer Volksgemeinschaft, in der nur die rassische Abstammung elementar ist.

Die Region um Magdeburg wird als eine industriell bedeutende und

Werbeanzeige der Diamant-Brauerei, 1937

für den Aufbau des Reiches wichtige Stadt beschrieben. Gleichwohl „Sirenen heulen, die Motoren donnern und aus riesigen Schornsteinen der Rauch zum Himmel steigt", soll diese Landschaft für Aufbruch und Fortschritt stehen.

Das „sozialistische Magdeburg" – „Die Stadt des Schwermaschinenbaus"

In den letzten Kriegstagen des Zweiten Weltkrieges erlitt die Stadt Magdeburg durch Bombardements der Alliierten im Januar 1945 schwere Verluste. Die vornehmliche Aufgabe bestand im Wiederaufbau der gesamten städtischen Infrastruktur, da nahezu drei Viertel aller Wohngebäude zerstört waren. Jedoch hatten die größten Betriebe in den Stadtteilen Buckau und Salbke den Krieg überstanden. Die Maschinenfabriken Wolf und Gruson konnten bereits im Juni 1945 ihre Arbeit wiederaufnehmen. Die Verstaatlichung und Schaffung der Volkseigenen Betriebe (VEB) des Schwermaschinenbaus entsprach genau dem in den 1920er und 30er Jahren in der Sowjetunion propagierten „Weg zum Sozialismus." Mit Beginn des Jahres 1946 wurden die großen Magdeburger Fabriken in der Sowjetischen Aktiengesellschaft (SAG) zusammengefasst, um die Reparationszahlungen zu tilgen. Der Stolz über die geleistete Aufbauarbeit und den Wandel der Stadt wird in einem Fremdenführer aus den 50er Jahren sichtbar: „Unsere Werktätigen sind dabei, sich ein neues, schöneres Leben aufzubauen, ein Leben, von dem auch die ältesten und ehrwürdigsten Mauern unserer Stadt, die erhalten blieben, nichts zu künden wissen, und von dem in der Vergangenheit Generationen nur träumten. Unser Magdeburg hat ein neues Gesicht erhalten, und fleißige Hände sind stündlich dabei, neue Werte zu schaffen."[19]

Zum 1. Januar 1954 gab die Sowjetunion die fünf großen Schwermaschinenfabriken der Stadt Magdeburg und damit der DDR zurück.

Grafik zur Übergabe der SAG „Karl-Lieb-knecht-Werk" und „Ernst-Thälmann-Werk" in DDR-Volkseigentum, 1953

Mit der symbolischen Rückgabe der Betriebe (hier exemplarisch illustriert durch ein Modell der SKL – Schwermaschinenbau „Karl Liebknecht") erhielt die Stadt auch ihre Identität als Industriestadt zurück.

1951 wurde Magdeburg nach Berlin und Dresden zur dritten „Aufbaustadt" im Nationalen Aufbauprogramm erklärt und 1952 zur Bezirkshauptstadt ernannt. Daher war die Stadt ein wichtiges Prestigeobjekt der DDR-Führung. Aufgrund der wirtschaftlichen Möglichkeiten und der Stärke der bestehenden Maschinenbaufabriken bekam die Stadt den Beinamen: „Magdeburg – Die Stadt des Schwermaschinenbaus". Diese Namensgebung und Zuschreibung wurde vor allem in Werbungs- und Schulmaterialien und in Stadtführern vorgenommen, in denen die verschiedenen Maschinenfabriken Magdeburgs als Sehenswürdigkeiten ausgeschrieben waren. „Als Stadt des Schwermaschinenbaus ist Magdeburg ein Herzstück der Deutschen Demokratischen Republik geworden"[20], heißt es in einem Stadtführer der 50er Jahre. Die Einleitung dieses Wegweisers empfängt den Leser direkt mit dem Schwermaschinenbetrieb „Ernst Thälmann".

Schließlich wurde die „Stadt des Schwermaschinenbaus" in einem Fremdenführer der 1960er Jahre zur neuen sozialistischen Stadt erhoben. Insgesamt knüpfte man also an die aus dem späten 19. Jahrhundert kommende Traditionslinie des Maschinenbaus als Kernstück der Magdeburger Industrie wieder an. Die großen ehemaligen Werke und deren Produkte besaßen noch immer einen internationalen Ruf. Die alten Namen der Betriebe, wie „Krupp-Gruson", „Schäffer & Budenberg" und „Buckau R. Wolf AG", hatten wegen ihrer Vergangenheit als Rüstungsbetriebe des nationalsozialistischen Deutschlands in den sozialis-

Einleitung eines Stadtführers durch Magdeburg aus den 1950er Jahren

tischen Plänen jedoch keinen Platz mehr. Der Auszug aus einem Fest-programm für den 1. Mai 1957 veranschaulicht die Umbenennung und Integration der ehemaligen Rüstungsbetriebe in den sozialistischen All-tag: „Durch die Kraft der Arbeiterklasse und ihrer Partei entstanden aus den ehemaligen Rüstungsbetrieben Krupp-Gruson das Ernst-Thälmann Werk (SKET), aus Schäffer und Budenberg das Karl-Marx-Werk. Aus der „Alten Bude" entstand der volkseigene Betrieb „Georgij Dimitroff" und durch die Enteignung Buckau-Wolff unser Karl-Liebknecht-Werk (SKL). Diese und andere Betriebe bestimmen den Charakter unserer Stadt. Das hohe Können unserer Facharbeiter und ihr Fleiß spiegeln sich wider in der Qualität der Erzeugnisse, die unserer Republik in aller Welt Geltung verschaffen. Bücher können wir schreiben über die Leistungen und Erfol-ge unserer Magdeburger volkseigenen Betriebe, Genossenschaften und Privatbetriebe."[21]

Eine besondere Rolle im „sozialistischen Magdeburg" spielte das „Ernst-Thälmann-Werk". Der Namensvorschlag für den ehemaligen Krupp-Gruson-Betrieb kam angeblich direkt „aus der Arbeiterklasse" – der Beginn einer sozialistischen Legende. Das Thälmannwerk in Mag-deburg war einer der Vorzeigebetriebe, den die DDR gerne auch inter-nationalen Staatsgästen präsentierte. Ende der 1960er Jahre wurden mit der Gründung der Schwermaschinenbaukombinate zehn Magdeburger

Brech- und Förderanlage von SKET, Brief-　　SKET-Zementwerk, Briefmarke, DDR 1975
marke, DDR 1971

volkseigene Betriebe zum SKET zusammengefasst. Forschung, Innovation, Produktion und Handel waren nun unter einem Dach vereint. Das SKET avancierte zu einer Art sozialistischem Superkonzern, der internationale Spitzenerzeugnisse herstellte. Dabei handelte es sich um Ausrüstungen für die Metall verarbeitende Hütten-Industrie, wie Walzstraßen und Großanlagen. Neben den Haupthandelspartnern in Ost- und Mitteleuropa exportierte das Unternehmen vollständige Fabriken, beispielsweise Walzstraßen in afrikanische Staaten, aber auch in die Bundesrepublik. Der Stolz der DDR-Führung über die Güter drückte sich insbesondere durch die Herausgabe von Briefmarken mit Industrieprodukten des Kombinats aus.

Im Jahr 1989 arbeiteten etwa 30.000 Menschen im SKET. Damit war jeder zehnte Magdeburger direkt im Kombinat beschäftigt. Die große Identifikation der „SKETianer" vollzog sich zum einen durch die Gewissheit, Spitzenprodukte zu produzieren, aber auch durch die Verbindung des Arbeitsplatzes mit den sozialen Einrichtungen. Das SKET verfügte beispielsweise über eine eigene Poliklinik, Kindergärten und ein Kulturhaus. Hinzu kam ein eigenes Ferienheim für die Mitarbeiter im Harz. Zudem wurde neben dem in der gesamten DDR gefeierten „Tag des Metallarbeiters" – das war der zweite Sonntag im April – auch das „Fest des Schwermaschinenbaus" gefeiert. Noch heute identifizieren sich viele „alte SKETianer" mit „ihrem" Thälmannwerk.

Die große Exportabhängigkeit des Unternehmens sollte jedoch in den 1980er Jahren zunehmend zum Problem werden. Die ökonomischen Schwierigkeiten der Sowjetunion, dem Haupthandelspartner, führten zu Einnahmeverlusten. Die Entscheidung der SED, alle Gewinne des SKET an den Staat abzugeben, führte weiterhin zu einer niedrigen Investitionsquote und Überalterung der Anlagen und zunehmenden Produktionsschwierigkeiten.

Doch noch in den späten 1980er Jahren war die Bedeutung der Magdeburger Schwermaschinenbauindustrie für die Stadtidentität ungebrochen. So zeigte beispielsweise eine Karte der Stadt, die sich an einer Hauswand in Buckau befand, alle großen und wichtigen Unternehmen der Metropole. Leider ist diese Wandmalerei heute nur noch in Umrissen erhalten, da sie mit der Renovierung des Hauses überstrichen wurde.

Weiterhin schrieb Fritz Oelze 1989 in der Veröffentlichung „Die DDR im Spiegel ihrer Bezirke": „Nicht ganz so viel wie gegen die Bezeichnung Bördebezirk ließe sich gegen die Charakterisierung Magdeburgs als Bezirk des Schwermaschinen- und Anlagenbaus einwenden […] Obwohl in den letzen 100 Jahren die Bedeutung des Magdeburger Schwermaschinen- und Anlagenbaus vor allem dank solcher Betriebe wie Schwermaschinenkombinat ‚Ernst Thälmann', VEB Schwermaschinenbau ‚Karl Liebknecht', und VEB Armaturenwerke ‚Karl Marx' Magdeburg als Synonym für leistungsfähige Zementfabriken, hochproduktive Walzwerke, Verseilmaschinen, Krane, Dieselmotoren, Erdölverarbeitungsanlagen, und Kernkraftwerksarmaturen enorm gewachsen ist, gibt es im Bezirk genau so viele Bauarbeiter wie Schwermaschinen- und Anlagenbauer."[22]

Die industrielle Ausrichtung der Stadt würde demnach das Bild des gesamten Bezirkes mitbestimmen, auch wenn die Mehrheit der Fläche landwirtschaftlich geprägt war. Innerhalb des Bezirkes war die Stadt das uneingeschränkte wirtschaftliche Zentrum und bestimmte das Image des gesamten Bezirks.

Mit dem Beitritt der DDR zum Geltungsbereich des Grundgesetzes der BRD am 3. Oktober 1990 hofften auch die Mitarbeiterinnen und Mitarbeiter der Unternehmen auf neue Chancen auf dem Weltmarkt. So besaß SKET einen international angesehenen Ruf und konnte mit weiteren Aufträgen rechnen. Die Idee des alten Handelsdreiecks Magdeburg-Braunschweig-Hannover machte wieder von sich reden. Doch das Missmanagement der Treuhand und ihrer Berater führten das SKET in die Insolvenz. Auf unerwartete Weise breiteten sich die von Helmut Kohl versprochenen blühenden Landschaften in Magdeburg aus: „Wenn es Frühjahr ist, dann sehen sie im SKET eine wirklich blühende Landschaft von Birken und von grünem Gras."[23]

„‚Ist denn die Elbe immer noch dieselbe?', fragt sich der Dom ...“ – Deindustrialisierung und Identitätsverlust als Industriestandort

Mit der Deindustrialisierung der Stadt Magdeburg verloren Tausende Einwohner ihre Arbeitsplätze, die einen wichtigen Teil der Identität darstellten. Die Industrie, die sowohl Existenzgrundlage wie auch Identitätsanker vieler Magdeburger war, verschwand aus dem Stadtbild. Industrieruinen und Leerstand waren Ausdruck eines radikalen Wirtschaftswandels in einer Stadt, die sich fast ein Jahrhundert lang am Image einer „Stadt des Schwermaschinenbaus“ orientiert hatte. Den kleinen Nachfolgeunternehmen der großen Kombinate fehlte die Wirtschaftskraft, um über die Grenzen Magdeburgs hinaus zu strahlen und den Charakter der Stadt zu bewahren. So war bei dem seit 1965 im SKET tätigen Kranbauer Karl-Heinz Waldhelm „eine Mischung [...] aus Wehmut und verhaltenen Groll über die zu starke Ausdünnung der Industrie in Magdeburg“[24] vorhanden.

Bereits im Stadtführer von 1992 finden die Magdeburger Industrie und ihre Geschichte keine Erwähnung mehr in der Repräsentation der Stadt. Ausschließlich das technische Wunderwerk Schiffshebewerk Rothensee erhält einen Platz im neuen Stadtführer. Der Eindruck entsteht, es habe nie eine bedeutende Magdeburger Industrie gegeben.

Werbeplakat der Stadt Magdeburg, Anfang der 1990er Jahre

Zunehmend gelangten der Dom als zentrales Symbol alter königlicher Stärke und Größe in den Mittelpunkt der neuen Magdeburger Selbstdarstellung, darüber hinaus wurde wieder stärker auf die Bedeutung der mittelalterlichen Stadt Bezug genommen.

In diese Zeit einer historisierten Identitätskonstruktion fielen der 1.200-jährige Geburtstag der Stadt und seine „Otto-Kampagne", welche die historische Bedeutung Magdeburgs als mittelalterliche und frühneuzeitliche Metropole ganz ins Zentrum rückte. Die ausschließliche Berufung der Verantwortlichen der Kampagne auf Otto den Großen stieß bei der Magdeburger Bevölkerung jedoch nicht nur auf Zustimmung, wie aus Leserbriefen der Volksstimme immer wieder ersichtlich wurde. Im Gegenteil. Der Grundsatz „Es muss alles ‚Otto' werden, was ‚Otto' werden kann"[25] forderte die Magdeburger heraus. „Wir lassen uns nicht zum Otto machen"[26], war die Antwort zweier Leser auf das vorgestellte Marketingkonzept. Und auch der Beiname „Ottostadt" für die Landeshauptstadt Sachsen-Anhalts wurde von Teilen der Bevölkerung mit großer Skepsis betrachtet.[27]

Nicht nur die Reaktionen auf die „Otto-Kampagne" wiesen darauf hin, dass sich viele Magdeburger nicht als „Ottojaner" identifizieren konnten. Die Sprengung des Industriedenkmals „Langer Heinrich", eines 1922 fertiggestellten Schornsteines von 108 Metern Höhe, rief Wehmut und Entrüstung bei der Bevölkerung hervor. Kommentare, wie: „Als alter Magdeburger würde ich sagen, lasst den stehen! Und ich sehe da einen fortgesetzten Zerstörungsprozess gegen uns seit dem Mauerfall, ja!"[28] oder „Und mit dem ‚Langen Heinrich' verschwindet leider wieder ein Stück unserer DDR-Geschichte"[29], waren in den Tagen der Sprengung zu lesen und zu hören. Dass die Industriegeschichte der Stadt Magdeburg gleichsam Geschichte und Identität der Magdeburger Bevölkerung widerspiegelt, wurde von den für die Sprengung Verantwortlichen fatal verkannt, wie ein den Tränen nahestehender ehemaliger Mitarbeiter des SKET vor der Kamera mit den Worten zum Ausdruck brachte: „Das solche schönen Sachen, die erhalten werden können, eben kaputt gemacht werden. Woanders, wo es Not täte, das bleibt. Das ist ein Wahrzeichen Magdeburgs – der Lange Heinrich!"[30] Welche Rolle der Lange Heinrich für die Identität der Stadt spielte, spiegelt sich im Refrain des Songs des Rappers Vit-Armin B „MDMasters" wider: „MD – wir sind keine Vorzeigestadt, sind vom Schornstein bewacht!"[31] Dabei habe er diese Zeile nicht bewusst geschrieben, um den „Langen Heinrich" als Identifikationsmerkmal der Stadt auszuweisen. Dennoch scheint der Schornstein auch im kollektiven Bewusstsein der jungen Generation Magdeburgs seine Spuren hinterlassen zu haben. Die Sprengung des bis dahin unter

Denkmalschutz stehenden „Wahrzeichens der Stadt" wirkte vor diesem Hintergrund wie die symbolische Beerdigung des Magdeburger Schwermaschinenbaus und damit der Identität vieler Magdeburger.

Zwar finden sich in der Stadt noch Orte und Exponate, die an die erfolgreichen Jahre der Magdeburger Großindustrie erinnern können, doch werden sie wenig beworben, so dass Besucher ohne Hintergrundwissen die einstige Größe des Magdeburger Schwermaschinenbaus nicht ermessen können. So ist eine Dampfmaschine am Sülzehafen in Buckau aufgestellt, die bei Wolf 1911 gebaut wurde.

Zum 150. Geburtstag des VDI-Bezirksvereins Magdeburg 2007 stellte der Oberbürgermeister Lutz Trümper in seinem Vorwort zur Festschrift die Frage: „Was wäre Magdeburg ohne seine Ingenieure?" Beinahe wehmütig sieht er auf über ein Jahrhundert industrieller Größe und überregionaler Bedeutung der Magdeburger Wirtschaft zurück. Er erhoffe sich „viele neue Impulse zur Stärkung unseres Wissenschaftsstandortes sowie eine weithin gedeihliche Entwicklung zum Wohle des Ingenieurberufsstandes".[32]

Jürgen Ude, der Vorsitzende des Bezirksvereines des VDI, sah trotz der gravierenden Umstrukturierungen in der Magdeburger Schwermaschinenbauindustrie nach 1990 optimistisch in die Zukunft. Zahlreiche

Dampfmaschine der ehemaligen Maschinenfabrik Buckau-Wolf

kleinere Unternehmen seien sehr innovativ und würden sich neue Geschäftsfelder erschließen.

Es sind heute hauptsächlich ehrenamtliche Kräfte, die gegen das Vergessen der einstigen Industrielandschaft im Raum Magdeburg ankämpfen. Die Bewahrung der Industriekultur bleibt somit die alleinige Aufgabe einzelner Träger, wie zum Beispiel des „Kuratoriums für Industriekultur in der Region Magdeburg e. V.", welches sich Jahr um Jahr für die Erhaltung eines Technikmuseums einsetzt.

Das Technikmuseum erlaubte es den alten SKETianern, die einst auf dem Betriebsgelände stehende Thälmann-Statue wieder aufzustellen. Die Mitarbeiter hatten zuvor erfolgreich gegen den Abbau der Statue durch den neuen westdeutschen Unternehmensinhaber protestiert.

Es bleibt abzuwarten, wie die Stadt Magdeburg die verschiedenen Traditionslinien bei ihrer Bewerbung zur „Kulturhauptstadt Europas 2025" gewichten wird.

Anmerkungen

1   Karl Leberecht Immermann: Brief an Karl August Varnhagen von Ense, 21.02.1827, in: ders.: Briefe. Textkritische und kommentierte Ausgabe in drei Bänden, Band 1. Briefe 1804–1831, München/Wien 1978, S. 557.

2   Gustav Hoepel: Die Neustadt bei Magdeburg im Verlauf des letzten Jahrhunderts. Eine Festschrift aus Anlaß des hundertjährigen Gedächtnisses ihrer letzten Zerstörung und Wiederherstellung 1812–1912, Magdeburg 1912, S. 44.

3   Städtebilder und Landschaften aus aller Welt. Magdeburg, Magdeburg/Zürich 1881, S. 2.

4   Ebd.

5   Ebd.

6   Karl Storch: Magdeburg – ein Erinnerungsblatt, Magdeburg 1906, S. 3.

7   Ebd., S. 28–30.

8   Magdeburgische Zeitung (Hg.): Mittelland. Deutschlands aufstrebendes Wirtschaftsreich, Magdeburg 1929, S. 15.

9   Ebd., S. 16.

10 Ebd.

11 Magistrat der Stadt Magdeburg (Hg.): Deutschlands Städtebau. Magdeburg 1927, S. 9.

12 Ebd., S. 5 f.

13 Online: Weimarer Republik 1918–1933. Reichstagswahlen. Wahlkreis Magdeburg, www.wahlen-in-deutschland.de/wrtwmagdeburg.htm (08.07.2016), hier zit. nach: Statistik des Deutschen Reiches, Bd. 315, Heft II, Berlin o. J., S. 6 f.

14 Ebd.

15 Ebd., hier zit. nach: Statistik des Deutschen Reiches, Bd. 382, Heft III, Berlin o. J., S. 4 ff.

16 Ebd., hier zit. nach: Statistik des Deutschen Reiches, Bd. 434, Teil I: Die Wahlen zum Reichstag am 31. Juli 1932, Berlin o. J., S. 8–12, 43 ff.

17 Maik Hattenhorst: Magdeburg 1933. Eine rote Stadt wird braun, Magdeburger Schriften Bd. 3, Halle (Saale) 2010, S. 211.

18 Werner Laß: Nationalsozialistische Aufbauarbeit im Herzstück des Reiches. Gau Magdeburg-Anhalt, in: Das Buch der deutschen Gaue. Fünf Jahre nationalsozialistische Aufbauleistung, Bayreuth 1938, S. 155.

19 o. A.: Magdeburg (Reiseführer), S. 3.

20 Ebd.

21 Auszug aus dem Programm für den 1. Mai 1957, zitiert nach: Kultur- und Heimatverein e. V. (Hg.): Magdeburger Stadtzeuge(n). Illustrierte Beiträge zur 1.200-jährigen Heimatgeschichte und Kultur. Die Zeit des Wiederaufbaus – Großdemonstration zum 1. Mai 1956 in Magdeburg – Farbbildserie von Otto Stephan – Beitrag von Günter Adlung zum Magdeburger Roland, Magdeburg 2005.

22 Fritz Oelze: Magdeburg, in: Werner Oswald (Hg.): Die DDR im Spiegel ihrer Bezirke, Berlin 1989, S. 221–239, hier S. 222.

23 Aussage eines ehemaligen SKET-Mitarbeiters, in der MDR-Reportage: „SKET – Schwermaschinen in Magdeburg. Spurensuche in Ruinen" (gesendet am 10.08.2011).

24 Karl-Heinz Waldhelm, in: „SKET – Schwermaschinen aus Magdeburg", MDR 2011.

25 Rainer Schweingel: „Es muss alles ‚Otto' werden, was ‚Otto' werden kann", in: Volksstimme Magdeburg vom 14.08.2009.

26 G. u. H. Schuster: Wir lassen uns nicht zum Otto machen, in: Volksstimme Magdeburg vom 18.08.2009.

27 Vgl. Volksstimme Magdeburg, August–Oktober 2009.

28 Online: www.welt.de/videos/panorama_original/article5008186/Langer-Heinrich-gesprengt.html (22.10.2012).

29 Rainer Fischer (Leserbrief), in: Volksstimme Magdeburg vom 29.10.2009.

30 Online: www.welt.de/videos/panorama_original/article5008186/Langer-Heinrich-gesprengt.html (22.10.2012).

31 Online: Dufte Typen: Vit-Armin B – MDMasters featuring Main Moe, Dr. Aliby, Doz9, Trik17, King Keim uvm. (Osten Powers), http://www.youtube.com/watch?v=JM4zQk_yTF4&feature=related (08.07.2016).

32 150 Jahre VDI Magdeburger Bezirksverein, Magdeburg 2007, Vorwort.

Tony Hannig

Das Braunkohlerevier Geiseltal – Identitätskonstruktionen zwischen Kontinuität und Transformation

Das ehemalige Bergbaurevier Geiseltal, rund 20 Kilometer südlich von Halle und etwa 35 Kilometer westlich von Leipzig gelegen, war in der ersten Hälfte des 20. Jahrhunderts eines der bekanntesten Braunkohlenabbaugebiete Mitteldeutschlands. Mit einem Lagerstätteninhalt von über 1,5 Milliarden Tonnen und einer Flöztiefe von bis zu 120 Metern entwickelte sich das Geiseltal zu einem bedeutenden Braunkohlenlieferanten. Bis 1905 säumten insgesamt 30 Wassermühlen den gerade einmal 17 Kilometer langen Bachlauf der Geisel. Die landwirtschaftliche Tradition und die damit verbundene Zersplitterung des Grundbesitzes im Geiseltal hemmten die Modernisierung der Kohlenindustrie bis zum Ende des 19. Jahrhunderts. Erschwerend kam hinzu, dass kein ausgebautes Verkehrsnetz bestand, welches die Dörfer und Kleinstädte mit den nächstgelegenen Großstädten wie Halle oder Merseburg verband. Erst durch den Bau der Eisenbahnlinie und einer Straßenbahnverbindung zwischen der Stadt Merseburg und Mücheln in den 1870er/80er Jahren waren die Grundvoraussetzungen für einen größeren Abnehmerkreis der Geiseltaler Braunkohle geschaffen. Das eigentlich Erstaunliche an der Entwicklung des Geiseltaler Braunkohlereviers ist also die Tatsache, dass der Aufschwung der Region erst ab der Jahrhundertwende einsetzte, obwohl die erste größere Grube bereits sechzig Jahre zuvor erschlossen worden war. Während die Braunkohlenförderung 1907 ca. 175.000 Tonnen betrug, steigerte sie sich bis 1912 bereits auf das Zwanzigfache und stieg auch in der Folgezeit kontinuierlich an. Mit der wachsenden Rohstoffnachfrage im Kontext des Ersten Weltkrieges stieg die Bedeutung des Geiseltaler Braunkohlereviers. Damit festigte sich die Stellung der Region als wichtigster Braunkohlenlieferant Mitteldeutschlands. Bereits zu Beginn der 1920er Jahre betrug die Geiseltaler Kohleförderung und Briketterzeugung fast 50 Prozent der mitteldeutschen Produktion. Das wirtschaftliche Wachstum der Region nahm bis Ende der 1920er Jahre weiter zu. Dies war u. a. der Versorgerfunktion des Geiseltals für die 1917 – mitten im Ersten Weltkrieg – erbauten Ammoniakwerke Leuna geschuldet, die einer der Hauptabnehmer der Geiseltaler Kohle waren. Ab 1927 stieg die Nachfrage weiter, als in den Leunawerken die Produktion von synthetischen Treibstoffen aus Kohle anlief. Die Kohle des Geiseltals erfüllte nun eine Doppelfunktion: Sie diente als Brenn- und Heizmaterial und wurde zum Ausgangsstoff der Benzinproduktion. Das Braunkohlerevier Geiseltal schuf die Voraussetzung für das Wachstum der chemischen Industrie in Mitteldeutschland. Mit dem Aufbau des Mineralölwerks Lützkendorf und des BUNA-Synthesekautschuk-Werkes Schkopau im Jahr 1936 kamen neben den Leuna-Werken zwei weitere Großabnehmer der Braunkohle hinzu. Innerhalb von gerade einmal zwanzig Jahren entwickelte sich das Geiseltaler Gebiet nicht nur zu dem größten mitteldeutschen Braunkohleproduzenten. In ihrer Rolle als potenzieller Energielieferant war die Region auch zu einem attraktiven Standort für die Ansiedlung moderner Industriezweige geworden.

Allerdings zeigten sich auch bald die Folgen der rasanten Entwicklung und stetigen Steigerung der Kohlefördermengen in dieser Region. Das Erscheinungsbild des Geiseltals veränderte sich gravierend. Tagebaue nahmen nun den Platz der alten bäuerlich geprägten Kulturlandschaft ein. Die Zuwanderung von Arbeitskräften veränderte die überkommene Sozialstruktur, und Umweltverschmutzung war eine weitere Konsequenz der industriellen Produktion. In den 1970er Jahren ergaben Prognosen, dass die Braunkohlevorkommen bald erschöpft sein würden. Die Schließung des Tagebaubetriebes erfolgte im Jahr 1993. Auch wenn der wirtschaftliche Boom, der mit dem Großtagebau in der Region um das Geiseltal begann, nur knapp einhundert Jahre währte, so hat er dennoch Spuren in den Köpfen der Menschen hinterlassen, Leitbilder und Zuschreibungen, mit denen sich die Bewohner immer noch identifizieren können.

Pauline: Die Stammmutter der Geiseltaler Kohle

Die eigentliche industrielle Erschließung des Geiseltals begann, wie fast überall in Deutschland, zunächst durch die Industrialisierung der Landwirtschaft. Bereits 1836 wurde in Bedra (heutiger Ortsteil Braunsbedra/Geiseltal) eine Zuckersiederei eröffnet. Später entstanden zwei weitere Zuckerfabriken: Körbisdorf (1856) und Stöbnitz (1864). Beide Betriebsgründungen gehen auf die in Bedra ansässige Adelsfamilie derer von Helldorff zurück. Ausschlaggebend für die Entstehung einer organisierten Bergbauindustrie war, dass die von Helldorfs seit 1845 eigenen Kohleabbau betrieben. Grube Pauline förderte zu Beginn noch fast ausschließlich für die ansässige Zuckerfabrik, so wurde bald auch Braunkohle für die umliegenden Haushalte produziert. Der Abnehmerkreis vergrößerte sich ab den 1870er Jahren über die Kleinstadtgrenze hinaus, begünstigt durch den Ausbau des Straßen- und Schienennetzes (1877 und 1886) zwischen den Städten Mücheln und Merseburg. 1885 gründete sich die erste große Bergbau-Gesellschaft im Geiseltal: Die Dörstewitz-Rattmannsdorfer Braunkohlen Industrie A.-G. Diese investierte in der Region und begann bald mit der industriellen Brikettierung der geförderten Braunkohle. Die Lukrativität des Geiseltals stieg, und um die Jahrhundertwende folgten zahlreiche Neuerschließungen von Kohlegruben im Geiseltaler Revier Schlag auf Schlag. Angelehnt an die Namensgebung der ersten Geiseltaler Grube Pauline sind auch die neuen Gruben, die im unmittelbaren Bereich der Stadt Mücheln entstanden, auf Frauennamen getauft worden: Grube Emma (Lützkendorf, 1896), Grube Elisabeth (Mücheln, 1906), Grube Cecilie (Lützkendorf, 1907) und Elise & Elise II (Wünsch, ca. 1900 und 1912).

Die Erzählungen über die Region waren auch zum Ende des 19. Jahrhunderts noch geprägt von idealisierenden Beschreibungen der „natürlichen" Landschaft und der heimatlichen Geschichte, ungeachtet dessen, dass sich schon damals gravierende landschaftliche Veränderungen vollzogen hatten. Ganz im Sinne der Bewahrung tradierter Selbstbilder der Bewohner von ihrer Heimat als bäuerlicher Kulturlandschaft, verfasste der Pfarrer Otto Küstermann eine kleine Studie mit dem Titel „Zur Geschichte von Mücheln an der Geisel und Umgebung". Sie erschien 1898 in der Zeitschrift des Harz-Vereins für Geschichte und Altertumskunde. Dort heißt es: „Wenn die Heimatkunde der Erforschung der vaterländischen Geschichte dienen soll, so muss sie auf sorgfältigem Quellenstudium beruhen, welches sich in erster Linie auf kleinere Kreise beschränkt. […] Zur Mitteilung nachfolgender Quellenstudien ist der Verfasser nicht nur durch seine Liebe zur Heimat, sondern auch durch Anregungen von außen her, namentlich durch den Wunsch der Behörden bestimmt worden […]."[1]

Der Autor machte es sich also zur Aufgabe, die Geschichte der Umgebung detailliert zu beschreiben und das nicht nur aufgrund seines Interesses, sondern ganz offenbar auch auf Nachfrage von Seiten der Gemeindeverwaltung. Es handelt sich also um ein Auftragswerk, das die offizielle „Identitätspolitik" der Stadtoberen von Mücheln spiegelte.

Der Autor beschränkte sich auf die Beschreibung der topographischen Verortung der Dörfer und Gemeinden und vermied auch nur die bloße Erwähnung von Technik und Wirtschaft. Selbst in seiner detaillierten

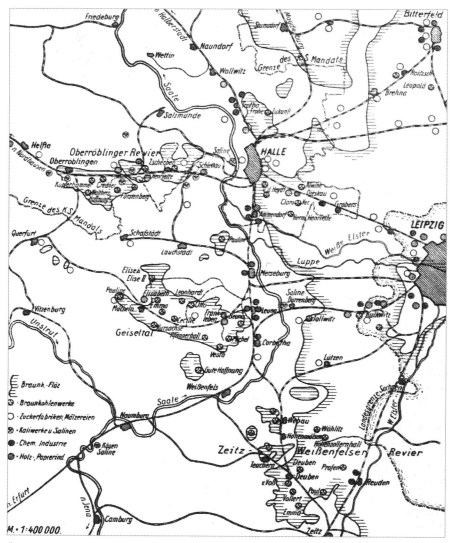

Übersichtskarte des hallischen Braunkohlereviers, 1935

Schilderung der Geschichte der Adelsfamilie derer von Helldorff bis zum ausgehenden 19. Jahrhundert findet sich an keiner Stelle ein Verweis auf ihren beachtlichen Einfluss auf die technisch-wirtschaftliche Erschließung der Region seit 1836. Das Geiseltal war dabei sich zu verändern, aber die neue Entwicklungsrichtung von einer über Jahrhunderte landwirtschaftlich geprägten Region mit ihrer spezifischen Sozialstruktur und Kultur zu einem Bergbaurevier fand in dieser Darstellung noch keinen Platz.

„Glück Auf!" – Das neue Selbstbild der Region zu Beginn des 20. Jahrhunderts

Erst einige Jahre später sind Wandlungen des Selbstbildes der Region konkret greifbar. Sie hingen eng mit dem Aufschwung der industriellen Förderung der Braunkohle zu Beginn des 20. Jahrhunderts zusammen. Das Angebot einer neuen Sicht auf das Geiseltal und damit die Einladung zur Etablierung einer neuen regionalen Identität als modernes Industrierevier schufen jetzt vor allem die ansässigen Unternehmen. Eine der größten Gesellschaften im mitteldeutschen Revier des Geiseltals waren die 1906 gegründeten Anhaltischen Kohlewerke (AKW). Bereits im Jahr 1908 bewarben die AKW ihre Erzeugnisse in Zeitungsannoncen. Das Logo einer dieser Anzeigen versprach, dass die Kohle, dargestellt als vierblättriges Kleeblatt, Glück und Wohlstand bringen würde. Mit dem Slogan „Das gute Brikett!" verwiesen die Werbestrategen auf die Qualität der vom Unternehmen produzierten Kohle und mit der Angabe der Jahresproduktion auf die hohen Fördermengen und damit auf die Produktivität des Unternehmens.

Aber nicht nur mit Annoncen in der lokalen Presse wurden die Erfolge der heimischen Braunkohlenindustrie und ihrer Produkte beworben. Auch ein neues Landschaftsbild des Geiseltals fand nun Eingang in die Darstellungen der Region. So gab es neben den bislang üblichen

Postkarte der Anhaltischen Kohlewerke mit Bildern des Tagebaus, 1909

Privatfotografie des Bergmanns Friedrich Reinecke, 1908

Postkarten, welche Stadt- und Landschaftsansichten zeigten, auch eindrucksvolle Bildmotive der modernen Bergbautechnik und der neuen Industrielandschaften der Geiseltaler Tagebaue.

Die neue Erzählperspektive der Region zeigte ein Geiseltal, das durch fortschreitende Industrialisierung im Aufbruch begriffen und durch den Einsatz neuester Technologie von scheinbar unbegrenztem Wirtschaftswachstum geprägt war. Auch in den zeitgenössischen Selbstzeugnissen der Einwohner zeigte sich dieser Wahrnehmungswandel. Immer mehr Männer verdienten in der Braunkohlenindustrie ihren Lebensunterhalt und entwickelten nun eine neue, eine bergmännische Identität. Das zeigt eindrucksvoll eine Fotografie des Bergmannes Friedrich Reinecke aus dem Jahr 1908. Allein der Umstand, dass es sich um eine Privataufnahme in der Festuniform der Bergleute handelt, drückt aus, wie sehr sich der Porträtierte mit seiner Arbeit identifizierte, wie stark die positive Wahrnehmung der Region als Bergbaugebiet bereits zu Beginn des 20. Jahrhunderts war.

Auf eine veränderte Wahrnehmung der Landschaft des Geiseltals, in der nun neben den üblichen Landschaftsbildern von Wäldern, Feldern, Stadt- und Dorfansichten auch die Industrie ihren Platz bekam, verweist auch ein Linolschnitt von Karl Schlotter im Querfurter Heimatkalender von 1924. Auf der Abbildung ist im Hintergrund die Brikettfabrik der Anhaltinischen Kohlenwerke zu erkennen, deren Schlote eindrucksvoll Feuer und Rauch speien. Auch die Lokomotive im Vordergrund stößt

Die Anhaltischen Kohlenwerke in Mücheln, Linolschnitt von Karl Schlotter, 1924 eine mächtige Rauchfahne aus. Das Bild transportiert Eindrücke von Geschäftigkeit, Dynamik, Entwicklung. Die Bewunderung und der Respekt des Künstlers vor diesem Neuen, das die Region nun prägt, ist spürbar, und deutlich wird dem Betrachter vor allem die Botschaft: Diese Industrie gehört zu unserer Heimat!

Auch Unternehmensfestschriften propagierten das neue Selbstbewusstsein der Region, so u. a. die Festschrift der Michel-Werke Halle zum fünfundzwanzigjährigen Bestehen des Unternehmens im Jahr 1931. Die Michel-Werke besaßen Gruben im Geiseltal und förderten Braunkohle. Der Jubiläumsbildband erzählt die Geschichte der industriellen Erschließung des Geiseltaler Reviers und die Erfolgsgeschichte des Unternehmens. Eine Grafik verweist eindrücklich auf die Selbstwahrnehmung des Unternehmens. Sie zeigt die Strecke einer Tagesproduktion an Briketts. Die Stadt Halle, der Hauptsitz des Unternehmens, wird hier als Repräsentant Mitteldeutschlands in der Reihe der drei großen Weltstädte dargestellt. Das zeigt, in welcher Position sich die Michel-Werke auf internationaler Ebene sahen und wie sie gesehen werden wollten. Damit wird zugleich auch die Region Mitteldeutschland, der Wirkungsort des Unternehmens, als bedeutender Wirtschaftsstandort gekennzeichnet.

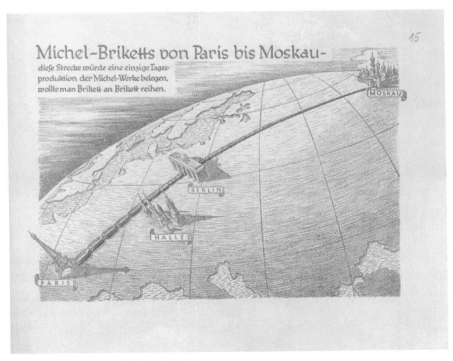

Festschrift 25 Jahre Michel-Werke, 1931

Die alte, über Jahrhunderte bäuerlich geprägte Kulturlandschaft Geiseltal, hatte sich in eine Industrielandschaft verwandelt. Die regionale
Identität zwischen 1900 und 1932 prägten nun vor allem die braunkoh-
lefördernden und -verarbeitenden Gesellschaften und Unternehmen des
Geiseltals. Natürlich verschwand das alte Deutungsmuster, die Erzählung von schönen Landschaften, von fruchtbaren Feldern und Flüssen
nicht völlig. Es findet sich nach wie vor auf Postkarten, in Heimatkalen-
dern und in der Heimatliteratur. Aber in der öffentlichen Darstellung dominierte nun die junge Industriegeschichte des Geiseltals. Dass die neuen
Industrielandschaften, die durch den Braunkohlenbergbau entstanden,
auch eine Schattenseite hatten – eben den Verlust und die Verschmutzung
von Räumen – war auch im Bewusstsein der Zeitgenossen.

Weitsichtige Wirtschafts- und Landschaftsplaner, die sich in den
1920er Jahren intensiv mit der Entwicklung Mitteldeutschlands beschäf-
tigten,[2] hatten zudem im Blick, dass die Kohlenflöze der Region in einigen Jahrzehnten erschöpft sein würden. So entstanden schon in der
Mitte der 1920er Jahre Pläne für die Landschaftsgestaltung nach dem
Abbruch der Braunkohlenförderung. Die Frage, wie das Geiseltal dann
wieder an natürlicher Attraktivität gewinnen sollte, erörterte ein Artikel
im Querfurter Tageblatt vom 22. Dezember 1928 mit dem Titel „Das Geiseltal in 70–80 Jahren". Der nicht genannte Autor des Beitrages bezieht
sich auf einen solchen Plan für die Geiseltalregion nach der Auskohlung:
„Die bisherige Bedeutung des Geiseltales ist nicht nur in unserem Mitteldeutschland bekannt. Weniger bekannt ist freilich der Plan, der bereits
jetzt in großen Umrissen aufgestellt ist, wie man nach der wirtschaftlichen Ausnutzung jenes Gebietes wieder einmal zu landschaftlich reiz-
voller Gegend gestalten will. […] Die Seenplatte im Geiseltal wird für
spätere Geschlechter eine Oase im mitteldeutschen Industriebezirk werden. […] Ein fröhliches Badeleben mit allen Drum und Dran, Strandbad
usw. wird dort, wo heute noch die schwarzen Diamanten geschürft werden, entstehen."[3]

Das Geiseltal – die „Kohlenkammer Mitteldeutschlands"

In den wirtschaftspolitischen Überlegungen der Nationalsozialisten in
Vorbereitung auf den Krieg spielte das mitteldeutsche Industrierevier
eine wichtige Rolle. Der Gau Halle-Merseburg, zu dem seit 1934 auch das
Geiseltal gehörte, galt den NS-Strategen als „Laboratorium der Welt". Mit
seinen auf Braunkohlenförderung basierenden Energie- und Rohstoffres-

sourcen für die Chemiestandorte Leuna und Buna und seiner strategisch günstigen Lage weitab von den Außengrenzen des Reiches, schien der Industriestandort hervorragend geeignet, die Produktion kriegswichtiger Erzeugnisse gewährleisten zu können. In diesem Kontext erlebte auch die Geiseltal-Region einen enormen konjunkturellen Aufschwung. Die letzten Kleingrubenbetreiber gingen in den großen Gesellschaften auf. Dadurch bildeten sich die für das Geiseltal charakteristischen Großtagebaue. Die Region wurde zur „Kohlenkammer Mitteldeutschlands". In den Kriegsjahren 1940 bis 1944 stieg die Jahresförderung im Geiseltal auf bis zu 25 Millionen Tonnen Rohbraunkohle, die bis dahin höchste Förderleistung.

Dieses Bild von der „Kohlenkammer Mitteldeutschlands", dass der realwirtschaftlichen Bedeutung des Braunkohlenabbaugebietes Geiseltal entsprach, fand sich in den 1930er Jahren in vielen Darstellungen. So auch in der 1935 anlässlich des 50-jährigen Jubiläums des Mitteldeutschen Braunkohlenbergbaus erschienenen Festschrift des Deutschen Braunkohlen-Industrie-Vereins. Hier wird die industrielle Entwicklung des Geiseltals ab der Mitte des 19. Jahrhunderts als Erfolgsgeschichte dargestellt. Erzählt wird von den mächtigen Kohlenflözen, von der außerordentlichen Höhe der Produktion, der Größe der Tagebaue und der fortschrittlichen Technologie, die im Geiseltal Anwendung finde.[4]

„Das gute Brikett!", für das die Anhaltinischen Kohlenwerke 1908 warben, ist jetzt „das Brikett!". Es scheint, als wäre nun der Zusatz zur Qualitätsbeschreibung nicht mehr notwendig. Das Geiseltaler Brikett ist das beste Brikett überhaupt, dessen sind sich die Erzeuger sicher und davon soll die Werbung auch die Kunden überzeugen. Die Geiseltaler Kohle diente als Rohstoff zur Erzeugung von Benzin, Kunststoff, Elektrizität und Wärme in den ansässigen Großfabriken Leuna, Buna und Lützkendorf. Mit dem Begriff Geiseltal verband sich die Vorstellung des Grundversorgers der mitteldeutschen Region – der „Koh-

Zeitungsannonce der Anhaltinischen Kohlewerke, 1908

lenkammer Mitteldeutschlands". So erscheint es plausibel, dass sich die Deutungen der Region und auch die Landschaftsbilder des Geiseltals auf die Industrie und ihre Leistungen konzentrierten – und zwar nicht nur in Festschriften und Werbung der braunkohleerzeugenden Unternehmen. Auch die Tourismusliteratur verbreitete das neue Selbstverständnis der Region. In dem 1935 erschienenen „Leipziger Wanderbuch" wird das Geiseltal als lohnendes Ausflugsziel angepriesen und als einzigartiger Erlebnisraum empfohlen: „Hier haben wir freie Sicht und können das für die mitteldeutsche Braunkohlenlandschaft typische erfassen; denn durch die räumlich geringe Ausdehnung des Geiseltalreviers von etwa 15×4 km drängen sich alle Erscheinungsformen zusammen […]. Seitwärts verlassen wir den Fahrweg und folgen dem Rand des Tagebaues, der sich im N der Siedlung auftut. Hier enthüllt sich uns ein gigantisches Bild: einer der größten Tagebaue des gesamten mitteldeutschen Braunkohlereviers liegt vor uns. Der Abbau erfolgt unter Zuhilfenahme der modernsten technischen Geräte. […] Wir steigen auf den Galgenhügel hinauf und werfen von hier aus einen Blick über den Talkessel zu unseren Füßen, in dem Mücheln liegt, gen N und O, wo die Braunkohle das Landschaftsbild bestimmt, und nach W und S, wo die Landschaft Ruhe atmet und landwirtschaftlich genutzt wird."[5] Dieses Bild einer harmonischen

▶ Postkarte „Gruß aus dem Geisselthal", 1940er Jahre: Die Auflistung der Gruben und Betriebe suggeriert, dass sie die optimale Grundlage für das Prosperieren Merseburgs sind

▼ Poststempel der Stadt Mücheln (Geiseltal), 1939

Koexistenz von Industrie- und Naturlandschaft des Geiseltals bildete einen wesentlichen Aspekt der Identitätserzählung dieser Zeit. „Man" war eben nicht „dreckige" Industrie, welche die Landschaft verwüstet, sondern „[…] das Land der Braunkohle, das Land der braunen Erde und das Land der Scholle und des Pfluges, […]", wie die Region Halle-Merseburg im „Buch der deutschen Gaue" aus dem Jahr 1938 beschrieben wird.

Postkartenansichten der Grube Elise II im Tagebau Mücheln, schwarz-weiß und koloriert, 1944

„Ostwärts von den Hängen des Harzes bis zur Elbe und darüber hinaus dehnt sich im Herzen des Reiches ein flaches Land, das von dem glitzernden Band der Saale durchschnitten wird. Steilragende Schlote, tiefgeschachtete Braunkohlengruben, wogende Kornfelder, die sich oft dicht vor den Mauern der gewaltigen industriellen Werke brechen, und meilenweit mit Zuckerrüben bebaute Flächen verleihen diesem Teil Deutschlands eine Eigenart, wie man sie nicht bald wieder trifft. Das ist der Gau Halle-Merseburg. Der Reichtum seines Bodens bestimmt ihn, eine der wesentlichen Stützen im Kampfe um die Rohstofffreiheit des Reiches zu sein."[6]

Noch eindrücklicher lässt sich das Bemühen um die Vermittlung eines harmonischen Nebeneinanders von Industrie und Naturlandschaft am Beispiel zweier Postkartenmotive der Grube Elise II aus dem Jahr 1944 zeigen.

Die regionale Erzählung erhielt so in den 1930er Jahren einen neuen Aspekt: den des industriellen Fortschritts, der die Region seit fast drei Jahrzehnten prägte und auf den man stolz war. Er wurde nun auch als eine Verschönerung der ursprünglich vorhandenen Natur- und Kulturlandschaft gedeutet. Braunkohle bedeutete Fortschritt, Wachstum, Kultur und die durch gigantische Tagebaue neu entstandene Landschaft bot Attraktivität. Das Geiseltal wurde geradezu zum Inbegriff für die Schönheit einer modernen Industrielandschaft stilisiert.

Klassenkampf im Geiseltal – Die proletarische Erzählung

Der Kriegsverlauf widerlegte die Hoffnungen der NS-Strategen mit dem mitteldeutschen Industrierevier, seinen Chemiefabriken und seiner „Kohlenkammer" Geiseltal, eine sichere Versorgungsbasis für die Führung ihres Eroberungsfeldzuges durch ganz Europa zu besitzen. Auch Mitteldeutschland wurde schließlich zum Kriegsschauplatz. Die Luftangriffe der amerikanischen und britischen Alliierten auf Leuna und Lützkendorf im Sommer 1944 und die massiven Luftangriffe direkt auf die Tagebaue, Fabriken und Gleisanlagen des Geiseltals im Februar 1945 brachten die Kohlenförderung zum Erliegen. Doch bereits im Sommer des Jahres 1945 wurde der Tagebaubetrieb wiederaufgenommen. Zunächst stand die Versorgung der Bevölkerung und der noch intakten Industriebetriebe mit Heizmaterial im Vordergrund. Aber mit dem fortschreitenden Wiederaufbau des zerstörten Chemiestandortes Leuna-Buna ging es wieder um die Bereitstellung von Rohbraunkohle als Grundstoff für die chemische

Plakat der Mitteldeutschen Industrieausstellung 1938 in Halle

Produktion. Bis 1955 erfolgte daher ein rasanter Wiederanstieg der Kohlenförderung im Geiseltal entsprechend den wirtschaftlichen Planvorgaben im Sinne der zentral geleiteten sozialistischen Wirtschaftspolitik der DDR. Der kleinere und rohstoffarme Teil des gespaltenen Deutschlands, die DDR, musste für ihre Energieversorgung und die Grundstoffversorgung der Chemieindustrie vor allem auf die Braunkohle setzen. Dies führte dazu, dass zu Beginn der 1960er Jahre bereits wieder Rekordmengen an Braunkohle gefördert wurden.

In der DDR, deren politische Eliten nicht nur die Wirtschaft und den Staatsaufbau von Grund auf umgestalteten, sondern auch das Bewusstsein der Bevölkerung im Sinne ihrer eigenen kommunistischen Weltsicht zu beeinflussen suchten, bekam das Bild der Industrieregion „Geiseltal" einen neuen Zuschnitt. Es ging dabei in erster Linie um einen anderen Blick auf die jüngste Geschichte des Geiseltals. Es sollte nun nicht mehr, wie bislang, das geschönte Bild vom modernen Industriekapitalismus im Geiseltalrevier verbreitet werden, mit dem für die Region Prestigegewinn als im nationalen Maßstab wichtiges Industriezentrum und für ihre Bewohner ein besseres Leben möglich wurde. Im Zentrum der neuen Erzählung stand der Kampf um die Verbesserung der Lebens- und Arbeitsbedingungen der Bergarbeiter. Die bewaffneten Auseinandersetzungen im mitteldeutschen Industrierevier im März 1921 zwischen Arbeitern und Schutzpolizei, bei denen es viele Tote unter der Arbeiterschaft gab, waren als „Mitteldeutscher Aufstand" schon in der Weimarer Republik fester Bestandteil der Traditionspflege des linken Flügels der Arbeiterbewegung. Im Zentrum des Gedenkens an diese Ereignisse stand allerdings bis 1933 und dann auch nach 1945 vor allem der bewaffnete Kampf der Leuna-Arbeiter und der Mansfelder Bergleute. Das Geiseltal spielte in der Erinnerungskultur zunächst keine Rolle.

Das änderte sich zu Beginn der 1950er Jahre. Theo Harych (1903–1958), ein literarisch begabter Landarbeitersohn aus Westpreußen, der als Siebzehnjähriger zur Zeit des „Mitteldeutschen Aufstandes" im Braunkohlerevier bei Mücheln als Hilfsarbeiter tätig war, verschaffte dem Geiseltal einen Platz in der Erinnerungskultur der DDR. Er war 1949 dem Aufruf „Schreib's auf Kumpel!" gefolgt und hatte seine Kindheitserinnerungen zu Papier gebracht. Seine lebendige Schilderung der Lebensumstände der armen Landbevölkerung Westpreußens zu Beginn des 20. Jahrhunderts traf die Vorstellungen der Kulturpolitiker der DDR von proletarischer Literatur. Der Autor wurde gefördert und zählte bald zu den neuen literarischen Talenten.[7] 1951 erschien im Verlag Volk und Welt der autobiografische Roman über seine Jugend in Westpreußen.[8] 1952 folgte der zweite Teil „Im Geiseltal", der die Ereignisse des Jahres 1921 im mitteldeutschen Braunkohlerevier in einer Mischung aus Erlebtem und Fiktivem zum Thema machte. Malerische Beschreibungen der Industrie- und

Tagebaulandschaft des Geiseltals fehlen in dieser Darstellung gänzlich. Von „großen Schloten, die ihren schwarzen Qualm in den blauen Himmel schickten"[9] erzählt der Autor und von den gesundheitsgefährdenden Arbeits- und Lebensbedingungen der Braunkohlekumpel. „Man spürte die Asche im Munde, spuckte aus und schluckte sie wieder von neuem. Und dort unten in der Grube, auf den freigebaggerten Kohleflözen schwelte die Rohkohle an zahlreichen Stellen und verpestete die Luft", hieß es an anderer Stelle.[10] Im Zentrum dieser neuen proletarischen Erzählung standen nun die um ihre Rechte kämpfenden Arbeiter und die Kritik an der ausbeuterischen Führung der Betriebe durch die „Bonzen und Politiker" der Weimarer Republik.

Im Klappentext heißt es über den Protagonisten Theo: „Hier im Geiseltal, glaubt er, wird sich sein Kindheitstraum von einem besseren Leben erfüllen … Es ist eine Zeit erbitterten Kampfes der deutschen Arbeiterschaft, die der junge Theo miterlebt. Er lernt aufrechte, klassenbewußte Kumpel kennen, und steht an ihrer Seite, als es zum mitteldeutschen Aufstand kommt. […] Aber in den bitteren Jahren hat er die Kraft des gemeinsamen Kampfes der Arbeiterschaft kennengelernt: In ihrer Mitte steht er auch jetzt nicht allein."[11]

Es geht vor allem um diese Botschaft: Auch die Geiseltaler Kumpel haben eine klassenkämpferische Tradition, haben „Märzkämpfer" zu beweinen. Es ist eine Erzählung vom Klassenkampf und von der Klassensolidarität im Braunkohlerevier Geiseltal im Jahr 1921 unmittelbar vor und während der Ereignisse des „Mitteldeutschen Aufstandes". Aber es gibt noch andere Botschaften. Der junge Arbeiter Theo erscheint als Zeuge des Streits zwischen sozialdemokratisch, anarchistisch und kommunistisch orientierten Geiseltaler Arbeitern um die „richtige" Antwort auf die Frage nach dem Weg zum Sozialismus. Dieser Streit wird in der Darstellung – ganz im Sinne der Geschichtsdoktrin der DDR – zugunsten der Kommunisten entschieden, die anders als die „verräterischen Führer" der Sozialdemokratie den „Weg" kennen. Dieser Erzählstrang war den Kulturpolitikern, die die Arbeit am Manuskript begleiteten und deren Einfluss auf diesen Teil der Darstellung deutlich wird, besonders wichtig.[12]

Das Werk, im Jahr 1952 mit einer Auflage von 10.000 Exemplaren gestartet, erlebte bis 1975 sieben Auflagen, vor allem wegen dieser SED-konformen Interpretation der Geschichte. Noch 1989 findet sich in der Jubiläumsausgabe der Betriebssektion der Kammer der Technik des Braunkohlenwerkes Geiseltal „75 Jahre Geologische Erschließung des Geiseltales" eine großformatige Anzeige zu Harychs Roman mit dem Vermerk „Literaturhinweis zur Arbeiterbewegung im mitteldeutschen Kohlerevier Anfang des 20. Jahrhunderts".[13]

Cover von Theo Harychs Buch „Im Geiseltal", 1952

Der Roman von Theo Harych blieb die einzige umfangreiche Erzählung zur Geschichte des Geiseltals. Die Geschichten über den „Mitteldeutschen Aufstand" blieben ansonsten, wie schon in der Zeit bis 1933 auf Leuna und Mansfeld beschränkt. Das Geiseltal fand in überregionalen Darstellungen meist nur noch Erwähnung im Zusammenhang mit der Geschichte und Gegenwart der Leuna- und Buna-Werke. 1966, im Jahr des Zusammenschlusses der kleineren Volkseigenen Betriebe (VEB) im Braunkohlerevier zum VEB Braunkohlenwerk Geiseltal, veröffentlichte das Deutsche Brennstoffinstitut eine Festschrift zum zwanzigjährigen Bestehen des Braunkohlenbergbaus in der DDR. Hier heißt es zum Geiseltal: „Besonders das Vorkommen [von Braunkohle] im Geiseltal führte zu einer starken Konzentration der Gewinnungs- und Veredlungsanlagen in diesem Gebiet. In mehr als 15 Tagebauen wurde Rohkohle gewonnen. […] Ein Großteil der Förderung dient der Versorgung der Chemie-Großbetriebe Leuna und Buna. Nach den vorhandenen Aufzeichnungen wurden im Zeitraum 1861 bis 1964 aus dem Geiseltal eine Fördermenge von 1.045 Mio. t gebracht. Von 1945 bis 1964 wurden davon 640 Mio. t gefördert. Diese Förderhöhe dürfte bisher aus keinem anderen Vorkommen erreicht sein."[14]

Das Braunkohlerevier Geiseltal erschien nun nur noch in der Rolle des Zulieferers, dessen Hauptzweck die Versorgung der Chemieindustrie war.

Wenn das Bild vom Geiseltal als bedeutendes Industriegebiet auch aus den überregionalen Erzählungen verschwand, die Geiseltaler Bürgerschaft hielt am tradierten Selbstbild ihrer Heimat fest. So verfasste der Studienrat der Müchelner Oberschule, Franz Blüher, im Jahr 1950 die Kantate „Stadt zwischen Kohle und Korn" (Musik: Gerd Ochs) als Loblied auf die Verbindung der ansässigen Kohlenindustrie und Landwirtschaft:

> […]
> Mit Glocken mischen sich Sirenen,
> aus den Gruben funkeln Lichterreih'n,
> rastlos, aber still und fruchtbar,
> dehnen sich die Äcker still im Sonnenschein.
> […][15]

Das Stück wurde am 9. Juli 1950 zum 600. Stadtjubiläum Müchelns uraufgeführt. Der Titel der Kantate wurde sogar als eine Art „Stadt-Slogan" auf dem Poststempel der Kommune genutzt.

„Mücheln (Geiseltal) – Stadt zwischen Kohle und Korn", Poststempel, 1954

War die Deutung des Braunkohlereviers in den Jahrzehnten zuvor meist durch die Kohlegesellschaften und politische Akteure transportiert worden, sind es nun die Bergleute und deren Familien, welche zum Träger und Vermittler der eigenen Industriekultur aufstiegen. So entstanden Gemälde, die den Alltag der Bergarbeiter darstellen oder die Industrieanlagen der Region als zur heimatlichen Landschaft gehörende Komponenten stilisieren. In der Betriebszeitung des VEB Braunkohlenkombinates Geiseltal wurde eigens die Rubrik „Geschichten über unsere Geschichte" eingerichtet, in welcher die Belegschaft von der industriellen, kulturellen und geschichtlichen Entwicklung des Geiseltaler Reviers und der Umgebung lesen konnte. Der überwiegende Teil die-

Stadtansicht Mücheln, Ölgemälde im Ratssaal des Rathauses Mücheln, unbekannter Maler, um 1960

Tagebau Geiseltal (im Vordergrund ein Stellwerk mit Verladestelle, im Hintergrund die Schlote einer Brikettfabrikanlage), Aquarell, unbekannter Maler, um 1960

ser Berichte wurde von den Kollegen verfasst. Diese sind als Zeugnisse der Identifikation mit der Arbeitswelt und der Braunkohlenindustrie im Geiseltal zu deuten und stellen den Bergmann nicht nur während der Schicht im Tagebau in den Mittelpunkt, sondern auch in der Freizeit.

Noch bis in die 1970/80er Jahre wurden die Randgebiete der Tagebaue weiter erschlossen. Dabei fielen vor allem die kleineren Gemeinden den Kohlebaggern zum Opfer. Allein 40 Prozent des Territoriums von Mücheln wurde überbaggert, und es mussten etwa 6.300 Menschen nach Braunsbedra und Merseburg umgesiedelt werden. Arbeitskräfte und technische Kapazitäten wurden in vielversprechendere Kohlereviere verlegt. Langsam aber stetig ging die Ära der Braunkohlenindustrie im Geiseltal zu Ende. Nach mehr als einhundert Jahren des industriellen Bergbaus lebte im Geiseltal nun fast die vierte Generation an Bergleuten und deren Familien, die keine andere Landschaft kannten, als die durch den Kohleabbau geschaffene. Die Wahrnehmung ihrer Heimat als große Bergbauregion war gefestigt, selbst dann noch, als sich abzuzeichnen begann, dass die Kohle bald versiegen und das Geiseltal vor großen Problemen stehen würde.

Kur statt Kohle – Das Geiseltal erfindet sich neu

Mit der deutschen Wiedervereinigung und der fast gänzlichen Erschöpfung der Braunkohlevorkommen im Geiseltal kam es zur Schließung der Produktionsstätten und Betriebe. Im Juni des Jahres 1993 verließ der letzte Kohlenzug den Tagebau. Mit dem Wegfall der Bergbauindustrie stand die Region nun vor folgenden Problemen: hohe Arbeitslosigkeit, enorme Umweltschäden, riesige Restlöcher und Abraumhalden und eine regionale Identität, deren industrieller Bezugspunkt verloren gegangen war. Altbundeskanzler Helmuth Kohl schätzte die Situation des Geiseltals in seinem Grußwort zur Festschrift 300 Jahre Braunkohlenbergbau im Geiseltal (1998) wie folgt ein: „Heute befindet sich das Geiseltal inmitten eines tiefgreifenden Umbruchs. Die Folgen des Braunkohlenabbaus und das im Zuge der deutschen Wiedervereinigung abrupt veränderte wirtschaftliche Umfeld haben die Region vor neue Herausforderungen gestellt. Es geht darum, dem Geiseltal eine neue Identität und seinen Menschen eine neue Perspektive für die Zukunft zu geben. Ich bin mir bewußt, daß der Wandel mit zum Teil schmerzhaften Anpassungen verbunden ist."[16]

In den Jahren 1990/91 wurde die Planung für die Neugestaltung der Bergbaufolgelandschaften in den Neuen Bundesländern durch die Lausitzer und Mitteldeutsche Bergbau-Verwaltungsgesellschaft mbH (LMBV) übernommen. Dabei griffen die Ausschüsse der LMBV auf ein Konzept zurück, welches der Architekt Werner von Walthausen bereits in den 1920er Jahren für die postindustrielle Nutzung des Geiseltals vorgeschlagen hatte: Die Umwandlung der Restlöcher in eine Seenlandschaft. Der Weg für dieses Vorhaben wurde schon in den 1970er Jahren geebnet, indem die wasserwirtschaftliche Nachnutzung des Geiseltals nach Ende des Bergbaus festgelegt und vorbereitet worden war. Anders als beim Übergang von einer landwirtschaftlichen zur industriellen Gestalt der Region im ausgehenden 19. Jahrhundert begegneten die Menschen diesem Vorhaben nicht mit Angst, sondern mit Hoffnung und Zuversicht.

Aber trotz der Offenheit für den Neuanfang, trotz hoffnungsvoller Orientierung auf die im Entstehen begriffene neue Gestalt des Geiseltals als kulturelles Erholungs- und Freizeitgebiet mit ihren Chancen für die Bewohner, blieb die Erinnerung an die Vergangenheit der Region als Braunkohlenabbaugebiet Identitätsanker der Geiseltaler. Das zeigte sich u. a. im Rahmen des Projektes der Fachhochschule Merseburg „Was war – was bleibt – was kommt? Die kulturelle Existenz des Menschen im Braunkohleabbaugebiet". In einer in den Jahren 2006/07 durchgeführten Interviewreihe u. a. mit ehemaligen Mitarbeitern des Braunkohlenbergbaus im Geiseltal erinnern sich ehemalige „Kumpels" mit Stolz an die Zeit, als sie mit ihrer schweren und schmutzigen, aber wichtigen Arbeit in der Braunkohle die Energieversorgung der DDR sichern halfen.

Wolfgang K.: „Die örtliche Umweltbelastung wurde als normal und alltäglich angesehen. Wenn die Luft nicht durch den Kohlestaub verunreinigt war, dann kam der Dreck von den Karsdorfer Zementwerken […]. Diesem Übel zum Trotz war die Kohleindustrie einer der großen Arbeitgeber der Region. […] Die Braunkohle war der Reichtum der DDR, denn ohne Kohle keine Energie."[17]

Karl S.: „Das besondere bergmännische wurde nicht so sehr an Symbolen oder Ähnlichem festgemacht, mit Ausnahme der Bergmannsuniform, sondern am allgemeinen Zusammenhalt der Arbeitskollegen und ihrer Familien. Es gab berufsspezifische Feste wie das Bergmannsfest, Kohlefest oder das Brigadefest."[18]

In der Festschrift zum dreihundertjährigen Jubiläum des Braunkohlenbergbaus aus dem Jahr 1998 wird der Spagat zwischen altem und neuem Selbstbild des Geiseltals sichtbar. Ein Heimatgedicht erzählt vom Stolz auf die Bergbautradition aber auch von der Hoffnung und Erwartung einer ganzen Region auf eine neue lebenswerte Zukunft.

In dieser neuen Identitätskonstruktion wird die Bergbautradition der Region zwar als abgeschlossenes Kapitel erzählt, ist aber als wichtiger Bestandteil der eigenen Geschichte und Identität aufgehoben. Vielerorts begegnet man nun im Geiseltal Denkmälern, die als Zeitzeugen der bergmännischen Vergangenheit der Region fungieren, so z.B. einem eisernen Muldenwagen aus der Zeit um 1900 oder einer liebevoll restaurierten Dampfbrikettpresse aus dem Jahr 1909. Die Erinnerung an die Zeit als Industrieregion soll bewahrt werden.

Festschrift „300 Jahre Braunkohlenbergbau im Geiseltal", 1998

Solche Visionen, die die Geiseltaler an ihre Wände

Industriedenkmal Dampfbrikettpresse (1909) am Eingang des Besucher- und Informations-zentrums „Zentralwerkstatt Pfännerhall", Braunsbedra

Seit 2000 gibt es den „Weinanbau am Geiseltalsee", Post- und Werbekarte

zeichnen, sind nicht mehr nur Zukunftsträume. Seit Beginn der Flutung des riesigen Tagebauloches im Jahr 2003 wächst der See, und schon seit Anfang 2000 wird auf einem Abschnitt der ehemaligen Abraumhalden des Braunkohlereviers Weinanbau betrieben.

Inzwischen ist die Flutung des riesigen Tagebaues abgeschlossen. Der Geiseltalsee mit seiner Wasserfläche von über 18 km² gilt als der größte künstliche See Deutschlands. Der weitere touristische Ausbau der Landschaft befindet sich im vollen Gange. Daran knüpft sich der Glaube an eine Chance für das Geiseltal, wieder zu einer wirtschaftlichen Erfolgsregion zu werden. Diese Hoffnung der Kommunen wird an einem ungewöhnlichen Kunstwerk sichtbar. Ein im Zuge der Umgestaltungsmaßnahmen der Landschaft gebauter Fußgängertunnel, der Spaziergänger aus der Stadt Mücheln unter der Landstraße 178 direkt zur Hafenanlage „Marina" führt, wurde im Auftrag der Stadtgemeinde mit Graffiti versehen. Läuft man hindurch, so ist zur Linken das industrielle Geiseltal mit seinen Dorfgemeinden und den Kippen der Braunkohlenlandschaft dargestellt. Die Symbole der industriellen Erzählung, für den Bergbau Schlägel und Eisen und für die Landwirtschaft der Pflug, werden zentral präsentiert. Zur Rechten wird das neue Geiseltal entworfen: eine

Ausschnitt aus dem Panoramabild der Innenbemalung des Fußgängertunnels in Mücheln, 2012

fruchtbare und blühende Landschaft, in der sich der Geiseltalsee über das ganze Bild erstreckt. Durch die Gegenüberstellung der ehemaligen Industrieregion als Wandgemälde in Schwarzweiß und der zukünftigen Landschaft in Farbe scheint es, als erzähle der Tunnel selbst die Entwicklung der Region. Er führt den Spaziergänger durch die Vergangenheit und die mögliche Zukunft des Geiseltals und eröffnet ihm am Ende einen faszinierenden Blick auf die im Wandel begriffene reale Landschaft. Er erzählt die Geschichte von der großen Historie, von den stolzen Kumpels und deren Tagewerk, aber er berichtet auch von der Hoffnung auf die Zukunft, von Zuversicht und der Perspektive einer ganzen Region.

Anmerkungen

1   Otto Küstermann: Zur Geschichte von Mücheln an der Geisel und Umgebung, in: Zeitschrift des Harz-Vereins für Geschichte und Altertumskunde, 31. Jg. (1898), S. 57.
2   Zu den Mitteldeutschland-Planungen siehe Jürgen John (Hg.): „Mitteldeutschland". Begriff – Geschichte – Konstrukt, Rudolstadt 2001, S. 297–366.
3   Das Geiseltal in 70–80 Jahren, in: Querfurter Tageblatt vom 22.12.1928, zit. nach: Was war – was bleibt – was kommt? Die kulturelle Existenz des Menschen im Braunkohleabbaugebiet, Merseburg 2008, (unveröff.), S. 8.
4   Vgl. Deutscher Braunkohlen-Industrie-Verein e. V. (Hg): 50 Jahre Mitteldeutscher Braunkohlen-Bergbau. Festschrift zum 50jährigen Bestehen des Deutschen Braunkohlen-Industrie-Vereins e. V., Halle (Saale). 1885–1935, Halle (Saale) 1935, S. 230 f.
5   Kurt Benndorf: Das Geiseltal, in: Rund um Leipzig (Sächsische Wanderbücher, Bd. 9: Leipziger Wanderbuch, Teil III), Dresden 1935, S. 169 f.
6   Hans Flohr: Der Gau Halle-Merseburg – das Laboratorium der Welt, in: Das Buch der Deutschen Gaue. Fünf Jahre nationalsozialistische Aufbauleistung, Bayreuth 1938, S. 150–153.
7   Zur Biografie Theo Harychs siehe: Jürgen Serke: Theo Harych. Tief im Herzen die Anarchie, in: ders. (Hg.): Zu Hause im Exil. Dichter, die eigenmächtig blieben in der DDR, München/Zürich 1998, S. 47–67.
8   Theo Harych: Hinter den schwarzen Wäldern, Berlin 1951.
9   Theo Harych: Im Geiseltal, Berlin 1952, S. 7.
10 Ebd., S. 154.
11 Ebd., Klappentext.
12 Vgl. Serke (wie Anm. 7), S. 64.
13 Vgl. VEB BKW Geiseltal: 75 Jahre geologische Bearbeitung des Geiseltales. 1914–1989, in: Technische Kurzinformationen der Betriebssektion der Kammer der Technik des BKW Geiseltal, H. 45/46 (1989), S. 7.
14 Deutsches Brennstoffinstitut (Hg.): 20 Jahre Braunkohlenbergbau in der Deutschen Demokratischen Republik. 1946–1966, Leipzig 1966, S. 204.
15 Abgedruckt in: Stadt Braunsbedra, Stadt Mücheln (Hg.): 300 Jahre Braunkohlenbergbau im Geiseltal. Erschienen anläßlich der Festwoche 300 Jahre Bergbau im Geiseltal vom 18.06–28.06.1998 der Städte Braunsbedra und Mücheln, Merseburg 1998, S. 109.

16   Ebd., S. 5.
17   Interview mit Wolfgang K., in: Was war – was bleibt – was kommt? (wie Anm. 3), S. 22.
18   Interview mit Karl S., in: ebd., S. 25.

Nadine Arndt/Julia Meyer/Konstanze Soch

Das Mansfelder Land – eine Bergbauregion im „Herzen Mitteldeutschlands" und ihre Inszenierung

„Mansfelder Land", der Name steht für eine alte Industrielandschaft am Ostrand des Harzes zwischen Sangerhausen, Hettstedt, Mansfeld und Eisleben. Die Landschaftsgestalt ist vielfältig: bewaldete Ausläufer des Harzer Mittelgebirges, durchzogen von kleinen Flüssen und von Seen, und weite Ackerflächen und Obstplantagen sind charakteristisch für die Gegend.[1] Dem Betrachter fallen heute noch besonders die Hinterlassenschaften des Kupferschieferbergbaus auf. Denn weithin sichtbare, mächtige Abraumhalden gehören seit Langem schon zum Landschaftsbild. Vom Mittelalter bis zum Ende des 20. Jahrhunderts wurde hier Kupfererz gefördert. Wann die Kupfergewinnung in der Region begonnen hat, ist nicht genau überliefert. Das erste schriftliche Zeugnis stammt aus dem Jahr 1572. Es findet sich in der „Mansfeldischen Chronica" von Cyriakus Spangenberg (1528–1604). Der Reformator und Chronist Spangenberg verortet die Entdeckung des Kupfers im ausgehenden 12. und beginnenden 13. Jahrhundert. Das Mansfelder Land mit seinen Kupferschieferlagerstätten von etwa 200 km² war die bedeutendste Lagerstätte auf deutschem Gebiet. Neben Kupfer gab es hier auch die größten Silbervorkommen. Allerdings gibt es kaum Quellen zum mittelalterlichen Bergbau in der Region. Erst aus dem letzten Viertel des 15. Jahrhunderts gibt es verlässliche Zeugnisse. Damals begannen in der Grafschaft Mansfeld der systematische Abbau und die Verhüttung von Kupfer und Silber im Mansfeld-Sangerhäuser-Revier.[2] Um 1530 waren etwa 4.000 Arbeitskräfte im Bergbau, in der Verhüttung des Erzes und als Fuhrleute beschäftigt. Das nötige Holz zur Verhüttung wurde im Harz gewonnen. Etwa 1.500 Köhler und 700 Kohlefuhrleute arbeiteten dem Bergbau zu. Der Bergbau und die damit verbundenen Gewerke waren schon damals der prägende Erwerbszweig Mansfelder Land.[3] Für acht Jahrhunderte, bis Ende der 1990er Jahre, blieb der Bergbau der Haupterwerbszweig der Mansfelder. Er formte nicht nur die Landschaft, sondern auch die Menschen des Mansfelder Landes und ihr Traditionsbewusstsein als Bewohner und Gestalter einer bedeutenden Bergbauregion.

Die öffentliche Präsentation der Verbundenheit der Mansfelder mit dem Bergbau in Form von Erzählungen, Gedichten, Denkmalen und Festen beruht auf dieser langen Tradition. Die frühesten materiellen Zeugnisse des Traditionsbewusstseins mit Bezug auf die Geschichte des Bergbaus sind zwei Skulpturen aus Sandstein. Sie stellen Bergleute bei der Arbeit dar – Nappian und Neucke. Sie stammen aus einer Kapelle bei Welfesholz aus dem 13. Jahrhundert. Bis heute ist die Entdeckung des Kupfererzes in dieser Region eng mit der Legende um diese zwei Bergleute, Nappian und Neucke, verbunden. Sie sollen den Kupferschiefer bei Hettstedt gefunden und als Erste mit dem Abbau begonnen haben.[4] Diese sagenumwobenen Figuren sind für den mansfeldischen Bergbau ähnlich bedeutend wie Romulus und Remus für Rom. Dieser Gründungsmythos stand für die regionale Erzählung der Bergbautradition am Beginn der Erinnerungskultur der Mansfelder Bergleute und wurde über Jahrhunderte immer wieder aufgegriffen.

Auch die Sandsteinplastik „Kamerad Martin" vor dem Neustädter Rathaus in Eisleben gehört zu den älteren Wahrzeichen der Region mit Bezug zum Bergbau. Die Skulptur wurde im 16. Jahrhundert von Gräfin Margarete von Mansfeld-Hinterort gestiftet. Sie stellt einen Bergbeamten mit einer geschulterten Keilhaue und dem Wappen der Grafen von Mansfeld-Hinterort dar, welche zur damaligen Zeit die Bergherren waren. Die Figur sollte Berggerechtigkeit symbolisieren und wird auch als Schutzpatron der Mansfelder Bergleute gedeutet.[5]

Kamerad-Martin-Denkmal in Eisleben, 2013

Im Mansfelder Land findet sich zudem ein Denkmal, welches den technischen Fortschritt im Bergbau feiert, das „Maschinendenkmal" auf der Halde des ehemaligen König-Friedrich-Schachtes bei Hettstedt. Es ist eine Denkmalsgründung des ausgehenden 19. Jahrhunderts. Der Verein Deutscher Ingenieure (VDI) fasste im Jahr 1885 den Beschluss, der ersten „deutschen" Dampfmaschine ein Denkmal zu setzen. Diese Dampfmaschine wurde im Jahr 1785 durch einen frühen Akt der Industriespionage nach englischem Vorbild gebaut und im Mansfelder Land in Betrieb genommen. Für die tägliche Arbeit des Bergarbeiters bedeutete diese technische Neuerung eine immense Erleichterung. Von nun an konnte die Entwässerung der Schächte und Stollen schneller, effektiver und mit geringerem Arbeitsaufwand vollzogen werden. Während die Skulpturen der legendären ersten Bergleute Nappian und Neucke sowie die des Kamerad Martin an die Bergarbeiter und deren Arbeit erinnern, war das Maschinendenkmal ein von Ingenieuren initiiertes öffentliches Wahrzeichen. Es sollte den technischen Fortschritt und die Leistungen ihres eigenen Berufsstandes zum Nutzen des Bergbaus hervorheben. Die Enthüllung des Denkmals wurde mit einem Festakt am 20. August 1890 begangen.[6]

Kommt der Kaiser? Jubiläumsfeiern als Medien der Sinnstiftung

Repräsentative Feiern und öffentliche Feste zur Vergegenwärtigung der langen Geschichte des Bergbaus gehörten noch bis zum Ausgang des 19. Jahrhunderts nicht zum Repertoire der Erinnerungskultur im Mansfelder Land. Erst im 20. Jahrhundert nutzten die Bergbauunternehmen der Region diese Form der Traditionspflege bewusst als identitätsstiftendes Medium. Große Jubiläumsfeiern wurden in den Jahren 1900, 1950 und 2000 ausgerichtet.[7]

Die erste Jubiläumsfeier zum siebenhundertjährigen Bestehen des Bergbaus in der Region fand am 12. und 13. Juni 1900 statt. Initiator war die „Mansfeld'sche Kupferschiefer bauende Gewerkschaft", das damals bedeutendste deutsche Bergbauunternehmen. Die Festplaner orientierten sich mit der Wahl des Zeitpunktes an dem von Cyriacus Spangenberg datierten Beginn bergbaulicher Aktivitäten im Mansfelder Land an der Wende vom 12. zum 13. Jahrhundert. Zentraler Festort war Eisleben. Aber auch Hettstedt und viele kleine Ortschaften der Grafschaft Mansfeld wurden in das Festgeschehen eingebunden. Die Vorbereitungen für die 700-Jahr-Feier wurden mit großem Aufwand betrieben. 7.000 Bergleute sollten an der Festparade teilnehmen und 5.700 Mansfelder Schulkinder dem Festakt in Eisleben beiwohnen. Denn eines der Hauptanliegen der Initiatoren war es, die Bindung der Bergarbeiter und ihrer Familien an das Unternehmen zu festigen. Diese sahen die Bergherren durch Streiks für höhere Löhne und bessere Arbeitsbedingungen, wie dem ersten Bergarbeiterstreik im Ruhrgebiet 1889[8] sowie die Einführung des allgemeinen, geheimen und direkten Wahlrechts gefährdet. Sozialdemokraten galten als Unruhestifter. Im Festakt sollte die alte „gerühmte Bergmannstreue" neu beglaubigt werden, so jedenfalls sah es der Bergrat Hermann Eduard Schrader (1855–1940).[9] Möglichst viele Bewohner des Mansfelder Landes sollten aus diesem Grund am Fest teilnehmen. Das Kaiserpaar, das zu den Festivitäten eingeladen worden war, sollte mit seiner Anwesenheit dem Unternehmen und der Bergbauregion Mansfeld nationale Bedeutung verleihen. Ökonomische und politische Interessen standen neben dem repräsentativen Charakter jedoch im Vordergrund. So erhoffte sich das Unternehmen vom Besuch des Herrschers öffentliche Aufmerksamkeit und dadurch Staatsaufträge sowie steuerliche Erleichterungen.[10]

In seiner Festrede auf dem Eisleber Marktplatz verwies der Oberbürgermeister Dr. Georgi voller Stolz auf die siebenhundertjährige Tradition des Kupferschieferbergbaus im Mansfeldischen und auf das Selbstbild der Region als eine der bedeutendsten Bergbaureviere des Kaiserreichs. „Und so darf unsere Gewerkschaft sich wohl sagen, dass der Bergbau

Postkarte zum 700-jährigen Jubiläum des Mansfelder Bergbaus

heute mehr denn je eine bedeutungsvolle Stelle im deutschen Bergbau, in der deutschen Wirtschaft einnimmt."[11] Er erinnerte aber auch an das geistige Erbe des Mansfelder Landes, an Martin Luther vor allem, vor dessen Denkmal er bei seiner Rede stand: „Der Platz und das Lied, das wir gesungen haben, erinnert uns daran, dass unser großer Reformator Martin Luther in dieser Stadt geboren war."[12] Aber auch den Dichter Novalis, der dem deutschen Volke so schöne fromme Lieder gegeben und auch dem Bergbau und seinen Vertretern so begeistert Worte gewidmet habe, erwähnte er.[13] Novalis, mit bürgerlichem Namen Friedrich Freiherr von Hardenberg, war nicht nur Dichter und Schriftsteller, der zahlreiche Bergmannslieder verfasste, sondern auch Bergbauingenieur.

Mit der im Jahr 1900 durch den Kaiserbesuch geadelten 700-Jahr-Feier verbanden die Mansfelder Eliten die Hoffnung, sich als ein Industrierevier zu präsentieren, das für die ganze Nation herausragende Bedeutung besaß. Die hohen Erwartungen der Werksleitung, die an das Fest geknüpft waren, wurden enttäuscht. Es kam weder zu einer Flut öffentlicher Aufträge noch zu einer Zurückdrängung der Sozialdemokratie. Erst seit Kriegsbeginn 1914 änderte sich die Lage schlagartig. Nun war das Mansfelder Bergbaurevier als Kupfer- und Silberlieferant des Deutschen Reiches kriegswichtig. In der 1925 von der Mansfeld AG zum 725-jährigen Jubiläum des Mansfelder Bergbaureviers herausgegebenen Festschrift heißt es rückblickend: „Und wenn es vor dem Kriege bei vielen Kreisen nicht gebührend Beachtung als der deutsche Kupfererzeuger fand, während des Krieges wurde seine Bedeutung erkannt und voll gewürdigt."[14] Mit Stolz wird darauf verwiesen, dass Mansfeld mehr als drei Viertel der deutschen Kupfererzeugung stellte. Auch wenn damit, „[…] wie überhaupt mit der gesamten deutschen Kupfererzeugung der Kriegsbedarf nicht annähernd gedeckt werden konnte, so war doch die heimische Erzeugung von erheblicher Bedeutung."[15]

Die proletarische Erzählung vom „Roten Mansfeld"

Prägend und identitätsstiftend für die linksorientierten Teile der Arbeiterschaft der Region wurden die Streiks der Mansfelder Bergarbeiter im Jahr 1909, wenige Jahre nach der großen Jubiläumsfeier 1900. Über sechs Wochen lang traten bis zu 10.000 Berg- und Hüttenarbeiter in den Ausstand. Auslöser des Streiks war die geplante Entlassung von fünfundvierzig gewerkschaftlich engagierten Bergleuten durch den Eigner der Mansfeld-Betriebe. Obwohl die Streikenden sogar einer militärischen In-

MANSFELD

GEDENKSCHRIFT ZUM

725

JÆHRIGEN BESTEHEN

DES

MANSFELD-KONZERNS

VERFASST VON

Dr. WALTER HOFFMANN

o.Prof. für Volks-und Staatswirtschaftslehre
an der Bergakademie Freiberg i.Sa.

1200   1925

HERAUSGEGEBEN IM AUFTRAG
DER MANSFELD AG·FÜR BERGBAU U. HÜTTENBETRIEB EISLEBEN
UND DER MANSFELDSCHER METALLHANDEL A·G·BERLIN

ECKSTEINS BIOGRAPHISCHER VERLAG BERLIN

Mansfeld. Gedenkschrift zum 725jährigen Bestehen des Mansfeld-Konzerns, Berlin 1925

tervention der preußischen Armee widerstanden, mussten die Berg- und
Hüttenarbeiter, gezwungen durch die Drohung von reichsweiten Einstel-
lungssperren, ihren Streik beenden.[16]

In der Zeit der Weimarer Republik blieb Mansfeld eine „rebellische Region". Dieses Bild verfestigte sich zwischen 1919 und 1923 durch die Auseinandersetzungen in den mitteldeutschen Industrierevieren Halle-Leuna-Bitterfeld und dem Mansfelder Land. Die Region war während dieser Jahre Schauplatz permanenter politischer Auseinandersetzungen zwischen dem linksproletarischen Milieu und rechtskonservativen und rechten Kräften. Hier hatten kommunistische politische Parteien und Gruppierung starken Rückhalt in der Bevölkerung. Besonders die „Märzkämpfe" hinterließen ihre Spuren im Gedächtnis der regionalen Arbeiterschaft. 1921 befahl der preußische Innenminister Carl Severing den Einsatz der Reichswehr gegen die aufbegehrenden Arbeiter des Mansfeld Konzerns und der Leuna Werke. Zwischen den Reichswehrverbänden und den bewaffneten Arbeitern kam es zu bürgerkriegsartigen Auseinandersetzungen. Offiziell wurde die Zahl der Toten mit 180 angegeben. Zusätzlich wurden nach den Aufständen 6.000 Arbeiter verhaftet.[17]

Zur Erinnerung an die Toten entstanden in der Region viele Gedenksteine und Gedenktafeln, so zum Beispiel auf den Friedhöfen in Bischoferode, Eisleben, Helbra, Helfta, Hettstedt, Klostermansfeld, Wolferode und anderen Orten im Mansfeldischen. Hier wurden Gemeindemitglieder beigesetzt, die ihr Leben in den Märzkämpfen verloren hatten.[18]

Einen besonderen Platz in der Erinnerungskultur der Region nahm Max Hoelz (1889–1933) ein. Hoelz war Anarchist und Kommunist und

Gedenktafel am Arbeiterlokal „Bergschlösschen" in Hettstedt

sah sich als moderner Robin Hood, als Rächer der Unterdrückten. In der mitteldeutschen Arbeiterbewegung wurde er wegen seiner Beteiligung an den bewaffneten Auseinandersetzungen während des Putsches rechter Militärs gegen die junge Weimarer Republik im Jahr 1920 als „roter General" verehrt. Ein Jahr später, im März 1921, beteiligte er sich mit einer bewaffneten Arbeitereinheit auch an den Abwehrkämpfen der Mansfelder Bergarbeiter gegen den Einsatz der Reichswehr, die sich in Ammendorf, Eisleben, Hettstedt, Sangerhausen, Schraplau, Teutschental, Wimmelburg und Wolferode abspielten. Bald nach diesen Ereignissen setzte sich in der mitteldeutschen Arbeiterschaft die Bezeichnung „Roter Max-Hoelz-Gau" durch.[19] Die Erzählung vom „Roten Mansfeld" wurde weit über die Grenzen der Region zu einem Begriff.

Vom „Hoelz-Gau" zum „Gau des Schaffens" – die nationalsozialistische Identitätserzählung

Nachdem die Nationalsozialisten 1933 an die Macht gelangt waren, bekämpften sie auch im Mansfelder Land politisch Andersdenkende. Vor allem Mitglieder kommunistischer und sozialdemokratischer Parteien und Organisationen sowie linke Gewerkschafter, die hier eine starke Basis hatten, wurden verfolgt, verhaftet und ermordet. Aber nicht nur mit Terror wurde regiert. Um die Verfolgung politischer Gegner zu rechtfertigen, verbreiteten die Nationalsozialisten das Bild vom Mansfelder Land als einem „Kampfplatz landfremder Elemente"[20]. Dem in der Arbeiterschaft der Region tradierten Bild vom „Roten Mansfeld" und vom „Max-Hoelz-Gau" begegneten die nationalsozialistischen Identitätspolitiker mit einer neuen Identitätserzählung, die auf Integration der rebellischen Arbeiterschaft in die „nationalsozialistische Volksgemeinschaft" zielte. Auch das Mansfelder Land sollte „mit all seinen Menschen wieder in den großen Aufbauprozess des Nationalsozialismus"[21] eingebunden werden. In dem 1938 erschienenen „Buch der deutschen Gaue" hieß es, der Führer habe, „indem er dem deutschen Arbeiter wieder Arbeit und Brot gab, aus dem Hoelz-Gau den Gau der Arbeit, den Gau des Schaffens gemacht".[22] Dem Gau Halle-Merseburg wurde die Rolle „einer wichtigen Stütze im Kampfe um die Rohstofffreiheit des Reiches"[23] zugeschrieben. Auch das Mansfelder Bergbaurevier mit seinen Kupferschiefervorkommen gehörte nach dieser Interpretation zu diesem „Erzeugerzentrum des neuen Reiches"[24].

Die identitätspolitische Propaganda hob aber auch die landschaftli-

Landschaft und Kultur im Gau Halle-Merseburg, Sonderausgabe der Hallischen Nachrichten zum Laternenfest in Halle 1936

104

che Schönheit der Region hervor. So heißt es in einer Sonderbeilage der Mitteldeutschen National-Zeitung von 1936, „zwischen [den] einzelnen Werken sind weite Wälder, fruchttragende Felder gebreitet, und manche Landschaft im Gau rechnet zu den schönsten im Reich".[25] Auch wichtige geschichtliche Ereignisse und kulturelle Werte der Region wurden dabei in den Blick genommen, denn, so hieß es an anderer Stelle, „wohl nirgendwo wird deutsche Geschichte so lebendig wie hier".[26] Luther und Händel, die aus dieser Region stammten und wichtige Identifikationsfiguren für das Bürgertum waren, gehören zu diesem Bild. Die Landschaft und die Industrie, so beschreibt es ein Sonderdruck zum Laternenfest in Halle im Jahr 1936, bilden dabei den Rahmen für die Kultur im Gau Halle-Merseburg. In diesem Zusammenhang wird auch die Figur des „Kamerad Martin" in Form eines Werbelogos für Erzeugnisse aus Mansfeld erneut aufgegriffen.

„Bergleute heute und morgen"[27] – die Mansfelder Identitätserzählung in der DDR

In der DDR wurde das Bild vom „Roten Mansfeld" wieder aufgegriffen und zur zentralen Tradition der Arbeiterklasse im Mansfelder Land erklärt. Um diese seit der Weimarer Republik lebendige Kernerzählung gruppierte man weitere Elemente. Die Traditionslinie einer schon immer kämpferischen Region wurde bis zu den Bauernkriegen, Thomas Müntzer und das Aufbegehren der Mansfelder zurückgeführt. Der Schwerpunkt der neuen Erzählung lag aber weiterhin im 20. Jahrhundert. Hier ging es um die Streiks der Mansfelder Bergarbeiter 1909, um die Abwehr des Kapp-Putsches 1920 und den bewaffneten Kampf gegen die Besetzung der Region durch preußische Polizei und Militär 1921. Die Erinnerung an die Gefallenen der Märzkämpfe von 1921 wurde nun auch in den Schulalltag integriert. So stand in Pionierkalendern ab dem Jahr 1964 unter dem Datum 20. März: „1921 Beginn der Märzkämpfe der Arbeiter im mitteldeutschen Industrierevier".[28] In manchen Schulen war es üblich, dass Schüler in Pionierkleidung an diese Ereignisse erinnerten. Sie besuchten im März die Friedhöfe der Mansfelder Gemeinden und Städte, um dort Blumen an den alten Gedenksteinen der Gefallenen niederzulegen. Diese breit angelegte revolutionäre Traditionserzählung des Mansfelder Landes wurde auch im Jahre 1950 bei den Feierlichkeiten zum 750-jährigen Jubiläum des Mansfelder Kupferschieferbergbaus in Szene gesetzt.

„Freudig und stolz schlägt unser Herz, denn uns gehört der Schacht"[29] – das 750-jährige Jubiläum des Mansfelder Kupferschieferbergbaus 1950

Schon seit dem 9. Februar 1949 wurde mit den Vorbereitungen zum 750-jährigen Jubiläum des Mansfelder Kupferschieferbergbaus begonnen. Zu Beginn bestanden Zweifel, ob das Jubiläum gefeiert werden sollte, da mit dem Fest nach den schweren Jahren des Wiederaufbaus der Fokus zu stark auf die Wirtschaft gelenkt werde. Trotzdem wurde das Jubiläum sowohl für die gerade gegründete DDR als auch für das Mansfelder Land am Ende zum Großereignis des Jahres 1950. In der Betriebszeitung der Vereinigung Volkseigener Betriebe (VVB) Mansfeld hieß es: „In diesem Jahre feiert die Bevölkerung des Mansfelder Landes das 750jährige Bestehen seines Kupfererzbergbaues. Aus den bereits angelaufenen Vorbereitungen in den Städten und Dörfern ist zu erkennen, dass diese Feierlichkeiten zum größten Ereignis des Mansfelder Landes im Jahre 1950 werden. Die überaus große Bedeutung des Mansfelder Kupfererzbergbaues für den Wiederaufbau einer deutschen Friedenswirtschaft wird bei diesen Feiern ganz besonders zum Ausdruck kommen und seinen Widerhall in der gesamten Deutschen Demokratischen Republik finden."[30] Für den entsprechenden Widerhall in der gesamten Republik sollte auch die Herausgabe von Sonderbriefmarken sorgen. Die Postwertzeichen

Ansichtspostkarten zum 750-jährigen Jubiläum des Mansfelder Bergbaus 1950

zeigten die typischen Arbeitsabläufe des Berg- und Hüttenwesens. Außerdem erhielten einzelne Städte und Gemeinden zum Anlass des Jubiläums ihre eigenen Poststempel, die von März 1950 bis Februar 1951 Verwendung fanden. In privaten Druckereien wurden anlässlich des Jubiläums vier Ansichtspostkarten gefertigt. Darauf war jeweils ein Bergmann mit den in verschiedenen Jahrhunderten üblichen Werkzeugen abgebildet.

Keramikwandteller zum 750-jährigen Jubiläum des Mansfelder Bergbaus 1950

Vor allem die VVB Mansfeld selbst betrieben einigen Aufwand, um möglichst alle Bevölkerungsgruppen auf das Jubiläum einzustellen. Die Festplaner wandten sich an den Verlag „Volk und Wissen" Berlin, um auch für die Kinder aus Anlass der Feier des 750-jährigen Bestehens des Kupferschieferbergbaus „etwas Besonderes" bereitzustellen. So produzierte der Verlag zwei Millionen Schulhefte, deren Umschlagseiten Bergarbeiter abbildeten.

Auch ein breites Sortiment verschiedener Souvenirs sollte zum Fest bereitstehen. Dazu gehörten Puppen der legendären Begründer des Mansfelder Bergbaus Nappian und Neucke, ein Gedenkteller, Medaillen, Festabzeichen und 30.000 Gedenkmünzen. Letztere wurden zusammen mit anderen kleinen Präsenten an die Belegschaft verteilt.

Bei den Bergleuten war es lange Zeit üblich, unter Tage zu rauchen. Aus diesem Grund hatte ein Arbeiter des Walzwerkes in Hettstedt den Vorschlag gemacht, anlässlich des Jubiläums eine Festzigarette herauszugeben. Diese Idee wurde auch umgesetzt.

Gedenkmedaillen zum 750-jährigen Jubiläum des Mansfelder Bergbaus 1950

Verpackung der Festzigarette von 1950

In der Zigarettenschachtel befanden sich achtzig Zigaretten. Eine Packung kostete 15 DM, ein enormer Preis im Vergleich zur damals billigsten Sorte „Turf", die als Zehnerpackung nur 1 DM kostete. Schon damals versuchten die volkseigenen und genossenschaftlichen Betriebe, vor allem Kunst und Kultur zur Entwicklung entsprechender Identifikationen zu nutzen. Eine ganz besondere Idee für die Bewerbung der Mansfelder Bergbauregion war seit 1949 daher auch die Förderung von Werken der Malerei. Die VVB Mansfeld gab zahlreiche Werke in Auftrag, die zur Identifikation der Bevölkerung mit ihrer Heimatregion beitragen sollten. Eines dieser Auftragswerke stammte von dem Maler Josef Stegl und trug den Titel „Mansfelder Land". Dieses Gemälde wurde aus Anlass der 750-Jahr-Feier auf Postkarten reproduziert.

Die Mansfelder Bevölkerung war aber nicht nur als Adressat von Kunst, sondern auch als möglicher Kunstproduzent angesprochen. So forderten die Regionalzeitungen in mehreren Aufrufen Betriebsangehörige und ehemalige Bergleute dazu auf, ihre Erinnerungen niederzuschreiben. Sie wurden anlässlich des 750-jährigen Jubiläums in der Broschüre „Aus der guten alten Zeit"[31] veröffentlicht. Eine andere Initiative, die direkt von der Bevölkerung ausgegangen war, mündete allerdings nicht in einer Publikation. Man hatte nämlich den Organisatoren der Feierlichkeiten selbstgeschriebene Gedichte zugesandt. Die Laiendichter besangen die lange Geschichte des Bergbaus, erzählten von der Verehrung des Bergmannstandes und von Heimatliebe. Da das Festkomitee die Texte als „hausbacken"[32] einschätzte, sah man von einer Veröffentlichung ab. Das Engagement der Beteiligten zeigt, wie stark ihre Identifikation mit der Region und vor allem mit dem Bergbau war. Eines der eingesandten Gedichte ist besonders interessant, weil es versucht, die alte Bergmannstradition mit der neuen, sozialistischen Identitätserzählung zu verbinden. Willi Posselt dichtete die auf das 16. Jahrhundert zurückgehende Bergmannshymne – das „Steigerlied" – entsprechend um. In der nun sozialistisch gewendeten Version hieß es:

„Mit frischem Mut
packt alle an!
Dann erfüllen wir durch unsere Kraft
den Jahresplan."[33]

Welche Relevanz die Mansfelder Berg- und Hüttenindustrie im Kontext
der gerade entstandenen DDR hatte, illustriert die Tatsache, dass Staatspräsident Wilhelm Pieck die Feiern zum 750. Jubiläum des Kupferschieferbergbaus besuchte. „Wir begehen diese 750-Jahr-Feier mitten in einem
Übergang, bei dem der Bergmann und seine Arbeit so gewürdigt werden, wie sie es verdienen, bei dem der Bergmann in die erste Reihe unseres gesellschaftlichen Lebens rückt."[34] Für die frühe DDR bot sich hier
die ideale Gelegenheit sich als „Arbeiterstaat" zu profilieren. An dieser
Stelle konnten „Arbeitertraditionen" mit „kommunistischen Traditionen" zu einer neuen Erzählung verwoben werden. Die Teilnahme Piecks
wie auch der Inhalt seiner Rede verdeutlichten die große Bedeutung des
Mansfelder Landes für die DDR. Außerdem stellte der Staatspräsident
die herausragende Rolle der Bergarbeiter im entstehenden Arbeiter- und
Bauernstaat heraus.

Die neue Identitätserzählung als Oratorium

Ein bleibendes Ergebnis der 750-Jahr-Feier war die Kantate „Mansfeld
Oratorium". Sie wurde als Auftragswerk von dem Komponisten Professor Ernst Hermann Meyer und dem Dichter Stephan Hermlin geschaffen.
Das Oratorium sollte, darin waren sich Künstler und Initiatoren einig,
die „Brennpunkte der großen gesellschaftlichen Veränderungen der vergangenen 750 Jahre bezogen auf die Geschehnisse im Mansfelder Land
künstlerisch erlebbar" machen.[35]

Die Uraufführung des Oratoriums fand am 2. September 1950 im Karl-
Marx-Park Eisleben statt und wurde vom Rundfunk mitgeschnitten. Die
Aufnahme strahlten die Radiosender Berlin und der Deutschlandsender
am 9. September 1950 aus. Auch zwei Schallplatten mit dem „Mansfeld
Oratorium" in den Jahren 1958 und 1968 wurden produziert.[36]

Das Oratorium stellt die Geschichte des Mansfelder Gebietes als Hel-
den- und Leidensgeschichte dar. Es beginnt mit Thomas Münzer, greift
die proletarische Erzählung auf und beschreibt den Widerstand der
Mansfelder Bergarbeiter gegen das nationalsozialistische Regime. Nach
all der Zeit des Leides und Kampfes, so die Erzählung, folge nun die

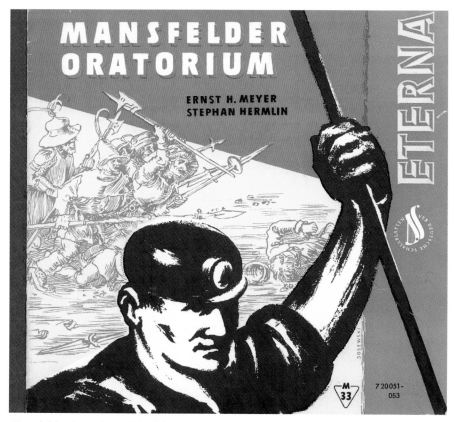

„Mansfelder Oratorium", Schallplattencover

Bergbaudenkmal Hettstedt

DDR. Auf dieses Land könnten alle mit Stolz blicken und der Kampf der Arbeiterklasse hätte sein Ziel erreicht. Der Inhalt und die musikalische Gestaltung des „Mansfeld Oratoriums" wurden als so gelungen empfunden, dass Stephan Hermlin und Professor Ernst Hermann Meyer noch im Jahr 1950 den Nationalpreis erhielten.

Auch Denkmalsgründungen fanden aus Anlass des Jubiläums statt. Der Vorschlag, ein Bergbaudenkmal zu errichten, kam vom Hettstedter Bürgermeister. Den Zuschlag erhielt der Entwurf des Hallenser Bildhauers Richard Horn.

Sein Denkmal hat die Form einer frei stehenden Säule und befindet sich noch heute direkt auf dem Marktplatz der Stadt.

Auf den vier Seiten der Säule wird die Geschichte des Kupferschieferbergbaus dargestellt. Eine Seite zeigt zwei Bergleute aus früheren Jahrhunderten in groben Kitteln mit Keilhaue und Kerzenlicht. Ein Bergmann löst das Erz vom Stoß, während der andere das Grubenlicht hält. Die andere Seite bildet einen Bergmann im Jahr 1950 ab. Dieser stützt sich auf sein Werkzeug. Die Westseite zeigt einen Schmelzer aus dem 13. Jahrhundert und auf der Südseite finden sich zwei Arbeiter in der Kleidung des 19. Jahrhunderts. Der eine Bergmann kniet mit einem Bohrhammer, der andere ist stehend mit einer Schaufel abgebildet. Unter dem Relief befindet sich die Inschrift, ganz im Sinne der frühen DDR-Politik, „Kupfer für Aufbau und Fortschritt".

„Ich bin Bergmann, wer ist mehr" – symbolische und materielle Privilegierung der Bergleute in der DDR

Am 10. August 1950 fasste das Politbüro der SED einen Beschluss, der die Lage der Bergarbeiter, des ingenieurtechnischen und kaufmännischen Personals verbessern sollte. Diese sollten höhere Löhne und Gehälter bekommen und gesellschaftlich privilegiert werden. Aus diesem Grund wurde am 17. September 1950 erstmals der *Tag des Bergmanns"* begangen. Ab 1951 fand dieser jährlich am ersten Sonntag im Juli statt. Zugleich wurden die Löhne und Gehälter der Bergleute angehoben. Der Tag des Bergmanns wurde auch dazu genutzt, besonders erfolgreiche Arbeiter auszuzeichnen. Durch diese Anerkennung sollten die Bergarbeiter dazu motiviert werden, Höchstleistungen zu erbringen. Die Auszeichnungen trugen Titel wie „Aktivist", „Aktivist des Fünfjahrplans" (1960) und „Aktivist der sozialistischen Arbeit" (1969). All diese Auszeichnungen konnten mehrfach verliehen werden und waren zumeist mit Geldprämien verbunden. Außerdem kam eine Vielzahl an Medaillen der Kombinate und Betriebe hinzu. Seit 1950 wurde der Ehrentitel „Verdienter Bergmann der Deutschen Demokratischen Republik"[37] verliehen. Voraussetzung, um diesen Titel zu bekommen, waren unter anderem eine „vorbildliche bergmännische Arbeit [und] hervorragende Leistungen bei der Steigerung der Arbeitsproduktivität"[38].

Der Tag des Bergmanns war für die Familien der Mansfelder Berg- und Hüttenleute ein ganz besonderer Höhepunkt. Am ersten Juliwochenende wurde eine Vielzahl von Feierlichkeiten organisiert. Aber auch durch die

August-Bebel-Hütte, Gemälde von Horst Bauer

ausgeprägte Kunstför-
derung des Mansfeld-
kombinates wurden
die Figur des Berg-
mannes und die Be-
deutung des Bergbaus
in den Mittelpunkt
gerückt. Bereits im
Jahr 1951, dem Grün-
dungsjahr des VEB
Mansfeld-Kombinats
„Wilhelm Pieck", wur-
de festgeschrieben,
dass zur Entwicklung
sozialistischer Kultur
und Kunst im Bereich der Arbeit eine solche Atmosphäre geschaffen werden solle, die „Arbeitsfreude, Schöpfertum, Disziplin und Verantwortung für Mensch und Produkt fördert"[39]. Das Kombinat kaufte gezielt
Kunstwerke an oder gab sie sogar selbst in Auftrag. So entstand im Laufe der Jahre eine umfangreiche Sammlung von Kunstwerken. Seit den
1960er Jahren wurden die Gemälde der Sammlung auch reproduziert
und dienten als Präsent anlässlich von Auszeichnungen von Mitarbeitern des Kombinats. Im Jahr 1986 eröffnete im Kulturhaus der Mansfelder
Bergarbeiter in Eisleben die „Mansfeld Galerie". Erst die auf die Wiedervereinigung Deutschlands folgende Auflösung des Kombinats beendete
diese Auftrags- und Ankauftätigkeiten. Die Kunstsammlung umfasst
dreihundertachtzig Werke zeitgenössischer Kunst, Malerei, Grafik, Fotografie und Plastik. Neben den Kunstwerken, welche Bergleute und ihren
Arbeitsalltag darstellen, gibt es auch Gemälde, die verschiedene Motive
der Landschaft des Mansfelder Landes zeigen.

Der Knappenbrunnen und die Dampfmaschine – Initiativen zur Bewahrung regionalerTradition in den 1980er Jahren

Seit den 1970er Jahren zeigte sich die allmähliche Erschöpfung der Kup-
fervorkommen im Mansfelder Revier. Der zunehmende Bedeutungsver-
lust des Kupferschieferbergbaus führte in der Region aber nicht zu einem
Identifikationsvakuum. Denn das Alleinstellungsmerkmal Kupfer und
Silber in Deutschland abzubauen, hatte zu einer lebendigen Tradition ge-

führt, die mit einem hohen Selbstwertgefühl der Beteiligten verbunden war. Die Selbstvergewisserung an etwas Einzigartigem beteiligt zu sein, diente sowohl dem materiellen Auskommen als der ideellen Sinnstiftung. Daher sollte die jahrhundertelange Tradition des Bergbaus, die der Gegend und ihren Bürgern zu hohem Ansehen verholfen hatte, weitergegeben werden. Das war vor allem ein Anliegen der ehemaligen Bergleute. Die Erinnerung an den Bergbau wurde und wird daher bis heute besonders in Traditionsvereinen gepflegt, die immer wieder auch neue Denkmals- und Museumsgründungen initiieren.

So war der 500. Geburtstag Martin Luthers im Jahr 1983, dessen Eltern ja erst der Bergbau in die Region geführt hatte, auch ein willkommener Anlass zur Feier der jahrhundertelangen Bergbautradition des Mansfelder Landes. Das sollte auch durch die Errichtung neuer Kunstwerke im öffentlichen Raum geschehen. Auf dem kleinen Platz vor der Alten Bergschule in Eisleben in der Sangerhäuser Straße entstand zu diesem Anlass der „Knappenbrunnen". Das Kunstwerk war vom Mansfeld Kombinat in Auftrag gegeben worden. Der Bildhauer Wolfgang Dreyse schuf acht Figuren, die den Brunnenrand zieren. Sie erinnern an traditionelle Gewerke im Bergbau: Knappschaftsältester, Bergmaurer, Bergsänger, Hüttenschmied, Bergrichter, Schmelzer, Treckejunge und Hauer.

Auch neue Museen wurden gegründet. Zum 200. Jubiläum der Inbetriebnahme der ersten Dampfmaschine im Jahre 1985 eröffnete in Hett-

Knappenbrunnen vor der Alten Bergschule in Eisleben

stedt ein Industriemuseum, das die Bergbaugeschichte des Mansfelder Kupferreviers von den ersten Anfängen bis zur Gegenwart präsentierte. Spezialgebiet war vor allem die Geschichte der Dampftechnik. Finanzkräftiger Initiator dieser Museumsgründung war auch hier der VEB Mansfeldkombinat „Wilhelm Pieck", der letzte kupferschieferabbauende Industriebetrieb in der langen, fast achthundertjährigen Geschichte des Kupferschieferbergbaues in dieser Region. Unter seiner Regie wurde die im Jahre 1785 im mitteldeutschen Bergbaurevier in Betrieb genommene erste deutsche Dampfmaschine Wattscher Bauart mit hohem finanziellen und technischen Aufwand in Originalgröße und mit den alten Arbeitstechniken und Arbeitswerkzeugen von Lehrlingen des Kombinats nachgebaut. Sie ist bis heute die noch funktionsfähige Hauptattraktion des Museums.[40] Zwei Jahre später, 1987, öffnete ein weiteres Bergbaumuseum auf dem Gelände des Röhrichtschachtes in Wettelrode seine Pforten. Es gewährt Einblick in die Geschichte der Kupferschiefergewinnung und zeigt im Freigelände bergmännische Ausrüstungen und Geräte.

Nach 1990 traf die Region die plötzliche Stilllegung der restlichen Bergbau- und Primärkupferhüttenproduktion.[41] Hinzu kam, dass die durch die DDR angesiedelte Bergbau-Folgeindustrie der allgemeinen Deindustrialisierung zum Opfer fiel. So wurde in kurzer Zeit aus der stolzen Bergbauregion eine Problemregion ohne Perspektive. Das Mansfelder Land verzeichnete nach dem Beitritt der DDR zur Bundesrepublik die höchste Arbeitslosenquote. Die Bewohner des Mansfelder Landes mussten sich neu erfinden. Nur wenige Akteure hatten daher zunächst die Mittel und Motivation, eine identitätsstiftende Traditionserzählung zu revitalisieren. Bei der Sanierung des bereits erwähnten Knappenbrunnens wurden den acht Bronzefiguren, die für den Kupferbergbau die wichtigen Berufsgruppen darstellten, Erklärungen zugeordnet. Die Lokalzeitung befragte den Schöpfer der Figuren, den Bildhauer Professor Wolfgang Dreyse, warum es nun dieser Ergänzung bedurfte. Der Künstler soll gesagt haben: „‚Wir brauchten die Berufe nicht zu benennen. Damals wusste jeder, was er war' – Seither habe sich viel verändert."[42] Innerhalb von siebenundzwanzig Jahren war also bereits ein fundamentaler Teil des Wissens über diesen einst so identitätsstiftenden Berufszweig verloren gegangen. Eine erschreckende Bilanz für Mansfeld, das so stolz auf seine jahrhundertelange Bergbautradition zurückblicken konnte. Allerdings gab es auch Engagierte, die sich in Traditionsvereinen organisierten und die mit viel Enthusiasmus die Erinnerung an den Bergbau, der die Region so lange geprägt hat, zu bewahren suchten.

„Eine Region feiert wider das Vergessen"[43]

Im Jahr 2000 stand erneut ein rundes Jubiläum an: achthundert Jahre Mansfelder Bergbau. Die Festorganisation lag nun bei den Heimat- und Traditionsvereinen der Mansfelder Bergleute, die hauptsächlich aus Rentnern bestanden. Schon im Mai 1998 rief der Landrat die Bevölkerung zur Vorbereitung und Gestaltung des Jubiläums auf. Was die Mansfelder zum 800. Jubiläum des Kupferschieferbergbaus letztlich doch auf die Beine stellten, zeigt das Programm. Es wurde 1999 während der Internationalen Touristikmesse in Berlin auf einem Flyer vorgestellt, der auch das von einer Schülerin entwickelte neue Logo des Mansfelder Bergbaus präsentiert.

Zu den Jubiläumsfeierlichkeiten gehörte eine Sonderausstellung, die im Juni 2000 im Kulturhaus der Mansfelder Bergarbeiter in Eisleben eröffnet wurde. Sie zeigte eine Auswahl von Gemälden aus der Mansfeld-Galerie zu Themen des Mansfelder Bergbaus. Einen der Höhepunkte der Feierlichkeiten bildete am 18. Juni 2000 der Bergaufzug „800 Jahre Bergbau im Mansfelder Land", bei dem Vertreter verschiedener Bergmannsvereine paradierten. Eine Aufwertung erfuhr die Traditionserzählung der Mansfelder Region in der Rede des damaligen Bundespräsidenten Johannes Rau. Der Ehrengast zum 200. Jubiläum des Mansfelder Bergbaus stellte in seiner Ansprache am 25. März 2000 den Bergarbeiter in den Mittelpunkt:

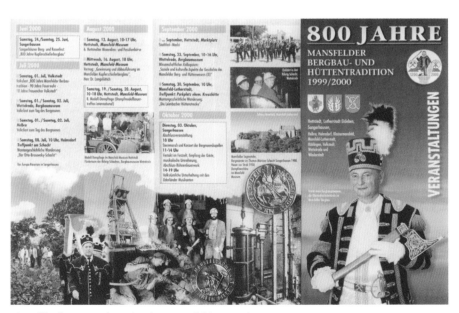

Flyer für die 800-Jahr-Feier des Mansfelder Bergbaus

„Wer unter Tage zusammenhält, lässt sich auch über Tage nicht im Stich; und wer dem Berg Wohlstand abtrotzt, der lässt sich nicht von ungerechter Obrigkeit kujonieren. Darum ist es kein Wunder, dass Mansfeld auch politisch immer ein besonders wacher, aber auch unruhiger Landstrich gewesen ist. Von den Bergarbeiterunruhen der Luther-Zeit bis zum ‚roten Mansfeld‘ und dem starken Widerstand gegen die Nationalsozialisten."[44] In dieser Laudatio findet sich der Rückgriff auf die proletarisch-sozialistische Erzählung des Mansfelder Landes: Der Arbeiter, der Held, der Starke, der Widerständler, der Gerechtigkeitskämpfer.

Neue Denkmale als Identitätsanker

Bereits im Jahr 1998 wurde wieder ein neues Bergbaudenkmal eingeweiht. „Hunt, Stolln und Grubenpferd" ist die Installation betitelt, die von dem Bildhauerehepaar Ute Appelt-Lillak und Siegfried Appelt aus der Lutherstadt Wittenberg geschaffen wurde. Das Denkmal erinnert mitten im Wohngebiet „Gerbstedter Straße" in Eisleben an den Bergbau.[45]

Es setzt nicht nur formal, sondern auch inhaltlich neue Akzente. Im Gegensatz zum Denkmal von 1890 für die erste Dampfmaschine Wattscher Art, das die Arbeitserleichterung und Steigerung der Produktivität durch technischen Fortschritt feierte, tritt nun die Beziehung des Bergmanns zu seinem Arbeitsort, dem Stollen und seinem Helfer, dem

Das Baudenkmal „Hunt, Stolln und Grubenpferd" in Eisleben

Grubenpferd in den Vordergrund. Das Denkmal assoziiert damit Werte wie Zusammenhalt, Duldsamkeit, Durchhaltevermögen und Empathie. Auch der Standort ist bemerkenswert. Während die älteren Denkmäler entweder zentral in der Stadt oder, wie das Maschinendenkmal, erhaben auf einem Hügel zu finden sind, wird der Mansfelder Bergbau in diesem Falle in einem Wohngebiet, einem Plattenbaukomplex, sichtbar gemacht, das von ehemaligen Bergleuten und ihren Familien bewohnt wird.

Für das Jubiläumsjahr 2000 hatte der Verein der Mansfelder Berg- und Hüttenleute die Errichtung eines Denkmals für die tödlich verunglückten Bergleute angeregt. Die Kupferbergbau GmbH stellte hierfür eine originale Seilscheibe aus dem Bernard-Koenen-Schacht, dem letzten Produktionsschacht der Region, zur Verfügung. Die ehemaligen Bergleute wünschten sich einen neuen Erinnerungsort – der neuen Lokalpolitikergeneration leuchtete die Notwendigkeit eines so kostspieligen Denkmals jedoch schon nicht mehr ein. Umstritten war auch der passende Ort für das Denkmal. Der Verein der Mansfelder Berg- und Hüttenleute bevorzugte einen zentralen Platz in der Innenstadt oder in der Nähe der alten Bergschule. Nach der Vorstellung der Initiatoren sollte sich die Seilscheibe im Wasserlauf des Knappenbrunnens spiegeln. Stadtrat und Bauamt der Stadt Eisleben präferierten hingegen als Standort die Fritz-Heckert-Schule oder das Gewerbegebiet am Rande der Stadt, im Ortsteil Helfta. Im Jahr 2000 erhielt das Denkmal schließlich einen vorläufigen Standort in dem Wohngebiet „Siebenhitze" auf einem Gelände, das erst noch saniert werden musste, weil es von Bodensenkungen betroffen war. Dass es dort nicht bleiben konnte, stand also fest.[46] Die Kontroversen um die Denkmalserrichtung zeigen, dass die Ausrichtung einiger Jubiläumsveranstaltungen das eine, die Finanzierung und Akzeptanz eines Bergbaudenkmals an einem herausgehobenen Ort der Stadtöffentlichkeit in der Lutherstadt Eisleben das andere ist. Alte Identifikationsmuster wachsen nicht automatisch mit, wenn die Tradition nicht gepflegt wird. Dessen sind sich die Traditionsvereine der alten Bergbauregion bewusst und engagieren sich mit vielfältigen Initiativen immer wieder für einen herausgehobenen Platz der Bergbaugeschichte in der Erinnerungskultur der Region. Im Mai 2016 erhielt das Denkmal „Seilscheibe" dann doch noch seinen endgültigen Platz auf dem Seminarhof der Bergschule in unmittelbarer Nähe von Luthers Taufkirche und dem ebenfalls 2016 neu eröffneten Lutherarchiv. Die Einweihungsfeierlichkeiten am neuen Standort fanden zu Ehren des 225. Geburtstages des königlichen Bergrats Carl Friedrich Ludwig Plümicke (1791–1866), des ersten hauptamtlichen Bergschullehrers statt. Der Vorsitzende des Traditionsvereins Bergschule Eisleben verkündete stolz, dass in den 5. Klassenstufen des Gymnasiums ab dem Schuljahr 2016/17 Vereinsmitglieder Schülerinnen und Schüler mit der Geschichte des Bergbaus in der Region vertraut machen sollen. „Darum hatten wir uns lange bemüht", erklärte er.[47]

Die Mansfelder Identitätserzählung. Mensch oder Maschine – was bleibt?

Bei der 700. Jahr-Feier ging es vor allem um die Umsatzsteigerung für die Region. An den Besuch des Kaiserpaars knüpfte man die Hoffnung, künftig mehr Aufträge zu erhalten. Ähnliches findet sich in der Gedenkschrift zum 725-jährigen Jubiläum des Mansfelder Bergbaues. Sie ist kaum mehr als Unternehmensgeschichte und liest sich wie eine Bilanz der letzten Jahre. Während der Zeit des Nationalsozialismus versuchten die neuen Strategen, die Erzählung vom „Roten Mansfeld" zu konterkarieren. Sie wurde durch die Erzählung vom „Gau der braunen Erde" und vom „Gau der Arbeit" ersetzt. Das Mansfelder Land galt als Säule der „Erzeugerschlacht" in der Kriegswirtschaft. In der DDR konnte wieder an die Erzählung vom „Roten Mansfeld" angeknüpft werden. Diese Deutung wurde mit der großen wirtschaftlichen Bedeutung der Mansfelder Region für die DDR-Wirtschaft verknüpft. Bemerkenswert ist, dass die Identitätsstiftung auch durch institutionalisierte kulturelle Förderung, vor allem im Rahmen des Mansfeld-Kombinats „Wilhelm-Pieck", flankiert war.

„Die Seilscheibe", Gedenkensemble zur Mansfelder Bergbaugeschichte

Mit dem Beitritt der DDR zur Bundesrepublik kam das beschleunigte Ende der Bergbau- und Primärkupferhüttenproduktion.[48] Das Mansfelder Land wurde schlagartig zu einer Bergbauregion ohne Bergbau. Das Land und seine Menschen mussten und wollten sich neu orientieren. Das fällt – bei fehlender Neuansiedlung größerer Unternehmen – bis heute schwer. Die aktuellen Zahlen der Bundesagentur für Arbeit vom Juni 2016 weisen für die Region Mansfeld-Südharz eine Arbeitslosenquote von 11,9 Prozent und eine Unterbeschäftigungsquote von 15,5 Prozent aus.[49] Das Mansfelder Land gehört damit heute noch immer zu den strukturschwächsten Regionen Deutschlands. Viele junge Menschen verließen die Heimatregion auf der Suche nach Arbeit. Aber es leben noch Menschen, deren Selbstverständnis eng mit der über Jahrhunderte erfolgreichen Bergbaugeschichte der Region verknüpft ist. Nicht zuletzt deshalb bleibt die Erinnerung an die erfolgreichen Jahre des Bergbaus und seiner Nachfolgeindustrie im Zeitraum der 1950er bis 1980er Jahre mit seiner Vollbeschäftigung für die arbeitsfähigen Einwohner der wichtigste Identitätsanker der Mansfelder. Die Pflege der Bergbautradition in Vereinen, Museen und mit Hilfe von Festen und Denkmalen im öffentlichen Raum, so scheint es, gibt denen, die im Mansfelder Land als Bergleute gearbeitet und denen, die im Bergbaurevier lange gelebt haben, Mut, Kraft und Hoffnung, der Zukunft entgegenzublicken. Die Region Mansfeld-Südharz bekennt sich zu dieser Tradition.

Anmerkungen

1 Mansfelder Land. Zwischen Saale und Harz, 2. Aufl., Horb am Neckar 1999, S. 10.
2 Peter Hertner: Kupferschieferabbau und Kupferverhüttung im Mansfelder Land in historischer Perspektive. Ein kurzer Überblick, in: Justus H. Ulbricht in Verb. mit Annette Schneider und Edith Spanknebel (Hg.): Deutsche Erinnerungslandschaften II. „Rotes Mansfeld" – „Grünes Herz". Protokollband der wissenschaftlichen Tagungen 18.– 20. Juni 2004 in Lutherstadt Eisleben und 10.–12. Juni 2005 in Arnstadt (Beiträge zur Regional- und Landeskultur Sachsen-Anhalts, Heft 40), Halle 2005, S. 25–40, hier S. 26.
3 Ebd., S. 28.
4 Erinnerung an den Historischen Mansfelder Kupferschieferbergbau, online: www.miner-sailor.de/mansfelderkupferschiefer%20.htm (25.07.2016).
5 Vgl. zur Geschichte der Skulptur u.a.: Kamerad Martin – Wahrzeichen der Neustadt Eisleben, in: Marion und Fritz Ebruy: Der Mansfelder Bergbau in Kunst und Literatur, Eisleben o.J., S. 3 ff.; Mansfeld. Die Geschichte des Berg- und Hüttenwesens, Bd. 1, Eisleben 1999, S. 542 f.
6 Zur Geschichte des Maschinendenkmals vgl. Monika Gibas: Das „Land der lauten Arbeitssinfonie". Die Etablierung neuer Leitbilder der „deutschen Mitte" im Zeichen des Industriezeitalters, in: Monika Gibas/Rüdiger Haufe (Hg.): „Mythen der

Mitte". Regionen als nationale Wertezentren. Konstruktionsprozesse und Sinnstiftungskonzepte im 19. und 20. Jahrhundert, Weimar 2005, S. 111–142, hier S. 134 ff.

7   Eine ausführliche Darstellung der drei Ereignisse in: Verein Mansfelder Berg- und Hüttenwesen e. V., Lutherstadt Eisleben und dem Deutschen Bergbaumuseum Bochum (Hg.): Mansfeld. Die Geschichte des Berg- und Hüttenwesens, Bd. 4: Die Jubelfeiern des Mansfelder Kupferschieferbergbaus in den Jahren 1900, 1950 und 2000. Nach zweimal „Wilhelm" kam einmal „Johannes", Eisleben 2011.

8   Vgl. dazu Karl Ditt/Dagmar Kift (Hg.): 1889. Bergarbeiterstreik und Wilhelmische Gesellschaft, Hagen 1989.

9   Mansfeld. Die Geschichte des Berg- und Hüttenwesens (wie Anm. 7), S. 12.

10 Ebd.

11 Rede des Geheimen Rates und Oberbürgermeisters a. D. Dr. Georgi zur Begrüßung des Kaisers auf dem Marktplatz in Eisleben. Zitiert nach: ebd., S. 60.

12 Ebd.

13 Ebd., S. 61.

14 Mansfeld. Gedenkschrift zum 725jährigen Bestehen des Mansfeld-Konzerns. Verfasst von Dr. Walter Hoffmann. O. Prof. für Volks- und Staatswissenschaftslehre an der Bergakademie Freiberg i. Sa., hg. im Auftrag der Mansfeld-A. G. Bergbau u. Hüttenbetrieb Eisleben und der Mandsfeldscher Metallhandel A. G. Berlin, Berlin 1925, S. 86.

15 Ebd.

16 Monika Gibas: Das „Rote Mansfeld" in der Erinnerungskultur der DDR, in: Deutsche Erinnerungslandschaften II (wie Anm. 2), S. 41–65, hier S. 54.

17 Ebd. S. 55 ff.

18 Vgl. dazu Gedenk- und Erinnerungsstätten der Arbeiterbewegung im Bezirk Halle, Halle 1982.

19 Hermann Weber/Andreas Herbst: Deutsche Kommunisten. Biographisches Handbuch 1918 bis 1945, Berlin 2008.

20 Buch der deutschen Gaue. Fünf Jahre nationalsozialistische Aufbauleistung, Bayreuth 1938, S. 150.

21 Ebd., S. 151.

22 Ebd.

23 Ebd.

24 Ebd.

25 Mitteldeutsche National-Zeitung: Landschaft und Kultur im Gau Halle-Merseburg. Sonder-Ausgabe der Mitteldeutschen National-Zeitung zum Laternenfest auf der Saale am 8. Aug. des Olympiajahres, Halle 1936, S. 1.

26 Ebd.

27 Wilhelm Schmied, Bergleute von heute und morgen (Diptychon, Öl, 1969), im Besitz des Landkreises Mansfeld-Südharz.

28 Pionierkalender 1964, hg. v. der Zentralleitung der Pionierorganisation „Ernst Thälmann", Berlin 1963, S. 18.

29 Willi Posselt: Steigerlied. Mansfeld Archiv H002982.

30 Mansfeld Echo. Betriebszeitung der VVB Mansfeld, 2. Jahrgang, 10. Februar 1950. (Mansfeld Archiv).

31 Klaus Foth u. a.: Die Jubelfeier des Jahres 1950 zum 750jährigen Jubiläum des Mansfelder Kupferschieferbergbaus – Wilhelm Pieck kommt nach Eisleben, in: Mansfeld. Die Geschichte des Berg- und Hüttenwesens (wie Anm. 7), S. 219.

32 Ebd., S. 223.

33 Willi Posselt: Steigerlied. Mansfeld Archiv.

34 Wilhelm Pieck: Ruhm und Ehre für den Bergmann. Aus der Rede anlässlich der großen Kundgebung auf dem Marktplatz in Eisleben am 4. September 1950, in:

Neues Deutschland vom 5. September 1950. Hier zitiert nach: online: http://
zefys.staatsbibliothek-berlin.de/ddr-presse/view1/?metsPath=2532889X/2532
889X_1950-09-05_01/2532889X_1950-09-05_01.xml&articleID=article50-1&purl=
SNP2532889X-19500905-0-5-50-0 (08.07.2016).

35 Foth, Die Jubelfeier (wie Anm. 31), S. 203.

36 Zur Geschichte des Mansfeld Oratoriums vgl. Juliane Stückrad: Das Mansfeld Oratorium, in: Deutsche Erinnerungslandschaften II (wie Anm. 2), S. 138–156.

37 Rudolf Mirsch: Zum Tag des Bergmanns, in: Verein Mansfelder Berg- und Hüttenarbeiter e. V. (Hg.): Mitteilung 81, Nr. 3/2006, online: www.vmbh-mansfelder-land.
de/mitteilungen/mitteilungsblaetter/vmbh-81-3-2006.pdf (06.09.2016), S. 2–6,
hier S. 3.

38 Ebd.

39 Gudrun Riedel: Kultur- und Kunstentwicklung im VEB Mansfeld-Kombinat Wilhelm Pieck, in: Deutsche Erinnerungslandschaften II, S. 66–80, hier S. 66.

40 Gibas, Das „Land der lauten Arbeitssinfonie" (wie Anm. 6), S. 136.

41 Mansfeld. Die Geschichte des Berg- und Hüttenwesens (wie Anm. 7), S. 595.

42 Burkhard Zemlin: Erklärende Schilder am Knappenbrunnen, in: Mitteldeutsche
Zeitung vom 29.10.2010, online: www.mz-web.de/eisleben/mansfeld-suedharz-
erklaerende-schilder-am-knappenbrunnen-7569220 (28.07.2016).

43 Mitteldeutsche Zeitung vom 30.10.2010.

44 Zitat aus Rede der Kulturamtsleiterin, Gudrun Riedel, am 7. Juni 2000 aus: Die Jubelfeier des Jahres 2000 zum 800-jährigen Jubiläum des Mansfelder Kupferschieferbergbaus, in: Mansfeld. Die Geschichte des Berg- und Hüttenwesens (wie Anm. 7),
S. 443.

45 Bergbau-Denkmalensemble in Eisleben (Gerbstedter Straße), online: http://
kupferspuren.artwork-agentur.de/index.php?option=com_content&task=view
&id=98&Itemid=58 (28.07.2016), vgl. auch: Eisleben – Das Denkmal Hunt, Stolln
und Grubenpferd, online: www.harz-saale.de/wordpress/eisleben-das-denkmal-
hunt-stolln-und-grubenpferd/ (28.07.2016).

46 Eisleben – Das Denkmal Seilscheibe: online: www.harz-saale.de/wordpress/eisle
ben-das-denkmal-seilscheibe/(28.07.2016),vgl.auch:Bergbaudenkmal „Seilscheibe"
in Eisleben: online: http://kupferspuren.artwork-agentur.de/index.php?option=
com_content&task=view&id=88&Itemid=58 (28.07.2016).

47 Daniela Kainz: Steigerlied an der Seilscheibe, in: Mitteldeutsche Zeitung vom
02.05.2016, online: www.mz-web.de/eisleben/pluemicke-jubilaeum--steigerlied-
an-der-seilscheibe-23990596 (28.07.2016).

48 Mansfeld. Die Geschichte des Berg- und Hüttenwesens (wie Anm. 7), S. 595.

49 Mansfeld-Südharz. Arbeitsmarkt im Überblick – Berichtsmonat Juni 2016 – Mansfeld-Südharz, online: http://statistik.arbeitsagentur.de/Navigation/Statistik/Sta
tistik-nach-Regionen/Politische-Gebietsstruktur/Sachsen-Anhalt/Mansfeld-
Suedharz-Nav.html (25.07.2016).

Steffen Dobin

Das „mitteldeutsche Chemiedreieck" Leuna-Merseburg – ausgewählte Erzähl- und Darstellungsweisen einer Industrielandschaft

Brot und Tod – der „Stolz" der ersten Jahre

Die heute als „Chemiedreieck" bekannte Region um die alte Domstadt Merseburg, von Otto I. im Jahr 968 zum Bistum Merseburg erkoren, war bis zur Reformationszeit ein bedeutendes religiöses Zentrum des Reiches. Noch zu Beginn des 20. Jahrhunderts gab es hier kaum Industrieansiedlungen, doch die Region selbst war schon seit Jahrtausenden besiedelt. Auf den fruchtbaren Böden konnte die Landwirtschaft reiche Erträge erzielen.

Das Industriezeitalter und damit die gravierende Veränderung dieser Region begann hier erst mit dem Baustart des Ammoniakwerkes Merseburg Anfang Mai 1916 – mitten im Ersten Weltkrieg. Das Deutsche Kaiserreich sah sich zu jener Zeit mit massiven Versorgungsengpässen bei Salpeter konfrontiert. Daher schlug der Ingenieur und Chemiker Carl Bosch, ein hochrangiges Mitglied der BASF, vor, den Salpetermangel durch die großtechnische Anwendung des als erfolgreich geltenden „Haber-Bosch-Verfahrens" bzw. die „Ammoniaksynthese" zu beheben. Das hergestellte Ammoniak sollte dann chemisch weiterverarbeitet die Düngemittelversorgung der Landwirtschaft, vor allem aber die Sprengstoffproduktion zur Fortführung des Krieges sichern. Allerdings musste für dieses Vorhaben noch ein geeigneter Fabrikstandort gefunden werden. Die Wahl fiel auf ein Teilterritorium Mitteldeutschlands, auf den Raum Merseburg-Leuna. Dies hatte strategische Gründe: Der Ort Leuna war weit genug von den Fronten entfernt und damit vor jeglichen Angriffen geschützt. Des Weiteren konnte die zur Energiegewinnung benötigte Kohle von dem nahegelegenen Merseburger Tagebau zur Verfügung gestellt werden. Die Saale wiederum konnte das Werk mit Wasser versorgen und gleichzeitig als Abwasserentsorgung fungieren. Zudem war die Region nur spärlich besiedelt und die für den Bau des Werkes erforderliche Grundfläche somit vorhanden. Dazu existierte vor Ort bereits ein ausgebautes Schienennetz, welches sich noch erweitern und für die An- und Ausfuhr von Rohstoffen nutzen ließ.

Zwischen der BASF und der Militär- und Reichsebene herrschte aber auch Konsens, dass das neue Chemiewerk nicht nur rein rüstungsrelevanten Zwecken dienen sollte. Denn die hier angewandte Ammoni-

Erster Weltkrieg: russische Kriegsgefangene beim Arbeitseinsatz für die Leuna-Werke

aksynthese schuf die Grundlage für die Kunstdüngerproduktion. Durch Kunstdünger ließen sich die Ernteerträge im gesamten Kaiserreich erhöhen und damit die Versorgungslage der notleidenden deutschen Bevölkerung verbessern. Der Verweis auf die Vervielfachung der landwirtschaftlichen Erträge durch den Einsatz von Kunstdünger war auch deswegen wichtig, weil die BASF eine große Agrarfläche – 600 Hektar Land, welches seit Generationen von Bauernfamilien bewirtschaftet worden war – als Firmengelände reklamierte. Diese ortsansässige mitteldeutsche Bauernschaft hatte bis dahin einen wichtigen Beitrag für die Produktion von Lebensmitteln geleistet. Mit Hinweis auf die sich in den Kriegsjahren 1915/16 im Deutschen Kaiserreich deutlich verschlechternde Lebensmittelversorgung konnte jedoch die Bedeutung der Kunstdüngerherstellung und damit auch die Notwendigkeit des Chemiewerkes unterstrichen und der unwiderrufliche Verlust des Ackerlandes begründet werden. Nach Unterzeichnung des Vertrags zwischen der BASF und dem Deutschen Kaiserreichs konnte das Leunawerk nach bereits neun Monaten Bautätigkeit Ende April 1917 in Betrieb genommen werden.

Welchen Zielen das neue Werk diente, war der breiten Öffentlichkeit bekannt. So versahen Arbeiter einen der ersten Kesselwaggons, der das Leunawerk 1917 verließ, mit der Aufschrift *„Franzosen-Tod! – Glückauf!"*.[1] Auch die bildende Kunst griff die sich etablierende Chemieindustrie thematisch auf. Der Künstler Fritz Bersch thematisierte bereits früh die unterschiedliche Verwendung der Ammoniaksynthese am Standort Leuna. In seiner Gebrauchsgrafik schauen Soldat und Bauer erwartungsvoll auf das Werk, welches die Grundlagen für Granatensprengstoff und Dünger für den Ackerboden produzierte.

Gebrauchsgrafik von Fritz Bersch, 1918

Bei Kriegsende entging die rüstungsrelevante Ammoniakfabrik nur knapp den Demontagebestimmungen der Siegermächte. Nur unter Berufung auf die Bedeutung der Kunstdüngerproduktion für die Landwirtschaft und auf die schlechte Versorgungslage der deutschen Bevölkerung mit Lebensmitteln konnte das Chemiewerk erhalten werden. Aufgrund der sozialen Unruhen und der Streiks der Jahre 1918 bis 1921 gab es allerdings zunächst noch keine geregelte Produktion. Erst nach 1921 etablierte sich das Leunawerk als ein produktives und hochmodernes Unternehmen von überregionaler Bedeutung für die Weimarer Republik. Es galt geradezu als Inkarnation des deutschen Unternehmens- und Erfindergeistes. Hier sei durch Fleißarbeit ein zukunftsträchtiges Wunderwerk der Technik geschaffen worden. So stellte es der Bielefelder Verlag Velhagen & Klasing in einem seiner Monatshefte von

„Das Leunawerk, ein Wunder deutscher Technik", Aquarellzeichnung von Georg Wagenführ, 1923

124

1923 mit dem Titel „Das Leunawerk, ein Wunder deutscher Technik" als gefeierte nationale Großtat vor: „Wer dich gesehen hat, du stolzes Werk, dem drängt es sich unwillkürlich auf die Lippen: Ein Volk, das ein solches geschaffen in schwerster Zeit, kann nie und nimmer untergehen! Sei stolz, du deutsches Volk, und voller Hoffnung, wenn du es erblickst, eine der größten und volkswirtschaftlich bedeutendsten Schöpfungen der Technik – das Leunawerk!"[2]

Der Leunakampf – Eine proletarische Erzählung

Nachdem am 19. März 1921 preußische Polizeieinheiten in die Region Mansfeld einmarschiert und dort gegen Teile der Arbeiterschaft vorgegangen waren, verschanzten sich etwa 2.000 bewaffnete Arbeiter im Leunawerk. Am 23. März des Jahres 1921 wurde das Werk durch preußische Polizei und Freikorpseinheiten, die dabei auch Artillerie einsetzten, gestürmt. Die Bilanz des Kampfes: Dutzende Arbeiter, die während des Feuergefechts zu Tode kamen, weitere Tote durch Folter und Standgerichte. Darüber hinaus gab es Massenverhaftungen.

Für die Identitätserzählung der linksgerichteten Arbeiterschaft und ihre Identifizierung mit dem Leunawerk fungierte die Erinnerung an den März-Kampf von 1921 als Kernerzählung. Zwar hatte es ähnliche Auseinandersetzungen auch in anderen mitteldeutschen Industrieregionen gegeben, so in Halle oder in Mansfeld, aber nur in Leuna gab es so viele Todesopfer unter den Arbeitern. Ihre Bereitschaft, im „Abwehrkampf gegen die Reaktion" einem überlegenen Feind die Stirn zu bieten, wurde bereits in der proletarischen Erzählung der Weimarer Zeit zur zentralen Botschaft. Ein prominentes Beispiel hierfür ist das Leunalied. Dabei handelte es sich um eine abgewandelte Form des Soldatenliedes „In Frankreich sind viele gefallen". Zunächst nur mündlich überliefert, wurde es 1925 im „Rotfront – Neues Kampfliedbuch" in seiner populärsten Fassung niedergeschrieben:

> Bei Leuna sind viele gefallen,
> ja bei Leuna floss Arbeiterblut;
> da waren zwei Rotgardisten,
> die einander die Treue geschworen;
> Sie schwuren einander die Treue,
> denn sie hatten einander so lieb;
> sollte einer von beiden fallen,
> daß der andere den Eltern es schrieb.

Da kam eine feindliche Kugel,
die durchbohrte dem einen das Herz.
Für die Eltern, da war es ein Kummer,
für die Schupo, da war es ein Scherz.
Und als nun die Schlacht war zu Ende
und sie kehrten zurück ins Quartier,
da nahm wohl der Freund einen Bleistift
und schrieb es sogleich aufs Papier.

Er schrieb es mit zitternden Händen,
er schrieb es mit tränendem Blick:
„Euer Sohn, von der Schupo erschossen,
liegt bei Leuna, kehrt nimmer zurück"
Ihr Herren, wir schwören euch Rache
für vergossenes Arbeiterblut.
Es kommen die Zeiten der Rache,
dann bezahlt ihr's mit eigenem Blut.[3]

Aber nicht nur in Liedern wurde an den Kampf der Leunaer Arbeiterschaft, ihre Opfer und an weitere Auseinandersetzungen erinnert. Auch die Welt des Theaters griff vor diesem Hintergrund das Thema „Leuna" auf. So veröffentlichte die KPD-Anhängerin Berta Lask im Jahre 1927 das Theaterstück „Leuna 1921", welches aber aufgrund eines polizeilichen Verbots zunächst nur illegal aufgeführt werden konnte. Das Stück erzählt von den Ursachen des Kampfes, über den Abwehrkampf der Leuna-Arbeiter, die Inhaftierungen, standrechtliche Exekutionen sowie die Gewaltexzesse der Sieger. Die Botschaft, die übermittelt wurde, lautete hier, dass der Kampfeswille der Arbeiter auch durch Einsatz massiver Gewalt nicht zu brechen sei:

Wieland: Jetzt schmachten wir im Silo als gefangene Sklaven, aber einmal wird das Leunawerk unser sein.
Die anderen: Das Leunawerk wird unser sein. (Der alte Arbeiter stirbt)
Wachtmeister: Was tut ihr dort?
Wieland: Ein Kamerad ist gestorben.

(Alle Gefangenen stehen auf und singen die erste Strophe der Internationale)[4]

Besonders der letzte Akt des Theaterstücks sollte die Haltung der Arbeiterschaft zum Leunakampf in den Jahren nach 1921 zeigen und Zukunftsgewissheit vermitteln: Trotz eines vorläufigen Rückschlags glaubte man am Ende irgendwann der Sieger zu sein. Diese Botschaft wurde mit der

Errichtung eines ersten Gedenksteins in Leuna-Kröllwitz bekräf-
tigt. Unter Teilnahme von Arbeitern, KPD-Anhängern sowie in
Anwesenheit des KPD-Vorsitzen-
den Ernst Thälmann erfolgte am
6. Jahrestag des Leunakampfes
1927 die Einweihung eines Gedenksteins mit der Aufschrift
„Durch Kampf zum Sieg".

Foto des ersten Gedenksteins in Leuna-Kröllwitz, 1927

Der NS-Gau Halle-Merseburg – „Das Laboratorium der Welt"

Während des Nationalsozialismus wurde das als „Drittes
Reich" bezeichnete Deutschland einer neuen Verwaltungsstruktur unter-
worfen. Neben den in ihrer Autonomie massiv beschnittenen Ländern
fielen den schon seit 1925 gebildeten NSDAP-Gauen seit 1936 zunehmend staatliche Funktionen zu. Die neue verwaltungspolitische Struktur
schlug sich auch auf die Konstruktion identitätsstiftender Erzählungen
zur mitteldeutschen Chemieregion nieder. Die zuständigen Gauleiter
und NSDAP-Politiker erzählten die Chemieregion nicht länger über bestimmte Fabrikstandorte, sondern über den gesamten Gau. Im Falle der
mitteldeutschen Chemieregion war das der Gau Halle-Merseburg. Um
die neue Gau-Erzählung zu festigen, wurden einzelne Werksstandorte
nur noch exemplarisch genannt. Der Gau Halle-Merseburg galt im Nationalsozialismus, trotz der 1921 von „landfremden Elementen" verur-
sachten Unruhen – so die Lesart der NS-Propagandisten –, als ein positiv konnotierter Gau. Spezielle Gaubücher und regionale Zeitschriften
zeigen ihn als ein „Zauberreich der Chemie und Technik"[5] oder eine
„geheimnisvolle Stätte rastloser Arbeit"[6]. Damit wurde eine Einheit zwischen dem Gau und dem Fleiß, der Kraft und der Produktivität seiner
Bewohner konstruiert: „Und wenn draußen in der Welt das große Werk
des Vierjahresplanes seine Bewunderung erfährt, so tönt damit der Name
Halle-Merseburg mit hinaus in alle Welt, da in seinen gewaltigen Labo-
ratorien, wo deutsche Arbeiter am Werk sind, der Ausgangpunkt vieler
und größter Stoffe liegt."[7]

Nationalsozialistische Deutung des Gaues Halle-Merseburg, 1938

Daneben konnte auch die Verbundenheit der im Gau tätigen Arbeiter mit ihrem Arbeitsplatz zum Ausdruck gebracht werden, wie hier in dem Gedicht „Leuna" von Kurt Freiwald der Mitteldeutschen Nationalzeitung von 1936:

> Du fragst die Fahrenden aus Ost: Wohin? Wohin?
> Lang eh' die Sonn' sich rötet, fahrt ihr aus: Wohin?
> Du fragst die Fahrenden aus West: Wohin? Wohin?
> Die Sonne geht bei euch zu Ruh,
> Ihr aber fahrt noch immerzu!
> Wohin? Wohin?
> Ihr fahrt aus Süd. Ihr fahrt aus Nord? Wohin? Wohin?
> Vieltausend ihr wohl alle Tag': Wohin? Wohin?
> Die Züge donnern ohne Ruh! Wohin? Wohin?
> Der Dampf zersprüht im grauen Land,
> Wohin ist euer Ziel entbrannt:
> Wohin? Wohin?
> Wir fahren früh, Wir fahren spät: Dahin! Dahin!
> Uns traf der Ruf! Wir traten an. Dahin! Dahin!
> Der Tag schlägt uns den Takt im Stahl,
> Die Macht glüht Rot uns als Fanal!
> Dahin! Dahin!
> Wir Männer wir, ein graues Heer, fahren wir dahin!
> Uns ruft das Werk! Und alle Kraft dient seinem Sinn!

Und unsere Ehre lebt im Werk. Darin, darin,
Daß aus den Schloten ungeheuer
Die schwarzen Fahnen wehn und Feuer
Weit über Leuna hin![8]

Wenn auch im nationalsozialistischen Deutschland solche Gau-Erzäh-
lungen vorherrschten, vergaßen die Propaganda- und Wirtschaftsverant-
wortlichen keinesfalls, einzelne Werksstandorte und ihre Produkte in das
rechte Licht zu rücken. Das Leunawerk spielte in den Jahren von 1933 bis
1945 eine bedeutende Rolle für die Vorbereitung und Führung des Krieges der Nationalsozialisten. Denn im Zuge der Autarkiebestrebungen
des Dritten Reiches stellte sich die NS-Führung u. a. die Frage, wie der
Treibstoffbedarf dauerhaft gedeckt werden könnte. Gerade hier war man
immer noch zu sehr auf ausländische Rohölimporte und deren Weiterverarbeitung in Ölraffinerien angewiesen. Um einem Treibstoff-Engpass im
Kriegsfall vorzubeugen, setzten die Rüstungsverantwortlichen nicht zuletzt auf die Chemieindustrie Mitteldeutschlands. Das Leunawerk wurde zu einem wichtigen Bestandteil des Vierjahresplanes, denn hier war
es möglich durch überarbeitete chemische Verfahren, die Treibstoffher-
stellung auf synthetischem Wege zu unterstützen: Über das als „Kohlehydrierung" bezeichnete Verfahren entstand das „Leunabenzin", auch

Werbeplakat für Leuna-Benzin im Leuna-Kraftstoff-Handbuch, 1938

das „Deutsche Benzin" genannt. Dieses fand über umfangreiche Werbe- und Aufklärungsmaßnahmen den Weg in den Handel. Stellvertretend dafür stand das Motto „Fahrt das reindeutsche Leunabenzin", welches durch zahlreiche Plakate und Tankstellenführer verbreitet wurde.

Die nationalsozialistische Propaganda betonte vor allem die weltpolitische Bedeutung des Leunawerks angesichts der hier entwickelten Kohlehydrierung: Das Prinzip „Benzin aus Kohle" sei in der Zeit des „Ölkrieges" eine Art Friedensstifter. Diese Botschaft richtete sich vor allem an ausländische Adressaten. Galt es doch, jene Länder – vor allem England –, denen die Wiederaufrüstung, die Kriegsvorbereitung und der wahre Zweck der Autarkiebestrebungen nicht verborgen geblieben waren, zu beruhigen und die Kritiker des NS-Staates zu beschwichtigen. Ein Krieg um begrenzte aber wichtige Ressourcen wie Erdöl sei – so die Argumentation – für das Dritte Reich undenkbar, da man ja selbst Treibstoff produziere. Im Gegensatz zu kriegstreibenden Staaten wie Amerika und England, die keine Gelegenheit ausließen, sich neuer Ölquellen zu bemächtigen oder Monopole zu errichten, wäre etwas Derartiges für NS-Deutschland undenkbar. Deutscher Erfindergeist, verkörpert durch Chemiker, Physiker und Ingenieure, stünde dem klar entgegen. „Benzin aus Kohle" mache also einen Ölkrieg unnötig. Die nationalsozialistische Regierung versuchte mit solchen Argumenten, ihren Autarkiebestrebungen einen friedfertigen Anstrich zu geben. Vor diesem Hintergrund verdient der Autor Anton Zischka besondere Beachtung. In seinem 1939 erschienenen Werk „Der Ölkrieg. Wandlung der Weltmacht Öl" greift er die Anfeindungen gegen den NS-Staat auf und versucht diese zu entkräften: „Immer wieder schreien unsre Feinde in die Welt: ‚Deutschlands Wirtschaftsaufschwung? Der kam nur durch Rüstung zustande. Und was immer Deutschlands Wissenschaftler und Chemiker erfunden haben mögen, alles dient ja nur einem: der Vorbereitung zum Kriege […]'

Dabei dient es wie sonst nichts dem Frieden. […] Deutschlands synthetische Rohstoffe sind Werkzeuge des Friedens, weil sie Leistung an Stelle des Zufalls setzen und es so allen ermöglichen, sich unabhängig von Klima und Naturvorteilen und den sie ausnützenden Mächten zu machen. Benzin aus Kohle gibt es nicht nur in Deutschland. England stellt es ebenso her. Denn für den geistigen Fortschritt gibt es keine Grenzen und Monopole. Immer schon waren Deutsche in diesem Titanenringen um neue Erkenntnisse, […] um Frieden und Fortschritt für alle in der vordersten Front gewesen."[9]

Soweit man von ihrer Instrumentalisierung für die Vorbereitung der nationalsozialistischen Eroberungskriege absehen kann, ist festzustellen, dass die im Leunawerk verwendeten Verfahren und Apparaturen auf der

Aus dem Leben unserer Betriebsgemeinschaft

Das Leunawerk
mit dem „Grand Prix" ausgezeichnet

Wie schon in einem Anschlag der Betriebsführung bekannt gegeben wurde, hat das internationale Preis-
gericht der Pariser Weltausstellung 1937 dem Leunawerk für Hochdruck-Verfahren

einen Grand Prix,

die höchste Auszeichnung, die diese Stelle zu vergeben hat, zuerkannt.
    Damit findet von einem internationalen Forum aus die jahrzehntelange Arbeit unserer Gefolgschaft eine
Anerkennung, die jeden von uns mit Stolz und großer Freude erfüllen muß.

Information über die Verleihung des Grand Prix 1937 an das Leunawerk

Welt ihresgleichen suchten und seinerzeit auch in der Fachwelt entsprechend honoriert wurden. So erhielt Leuna die höchstmögliche Auszeichnung bei der Weltausstellung von 1937: den Grand Prix. Das Leunawerk
galt somit auch außerhalb Deutschlands und dessen propagandistischer
Selbstbeschreibung als ein führendes hochmodernes Unternehmen.

In den Jahren 1936/37 wurde die Chemieindustrie Mitteldeutschlands
erheblich erweitert: Es entstand das Buna-Werk Schkopau. Analog zum
Leunawerk wird das Buna-Werk ebenfalls über sein Haupterzeugnis
repräsentiert: den synthetischen deutschen Kautschuk, genannt Buna.
Die Errichtung des 1936/37 in Betrieb genommenen Kautschukwerks
stand nicht zufällig sowohl mit dem Leunawerk als auch mit dem Geiseltal in Zusammenhang. Der Tagebau des Geiseltals diente als Koh-
le- und Energielieferant, während Leuna Fachpersonal für den Aufbau
des Buna-Werkes Schkopau zur Verfügung stellte. Auch das Buna-Werk
war fester Bestandteil der Autarkie- und Aufrüstungsbemühungen des
NS-Staates. Neben Treibstoff benötigten Fahr- und Flugzeuge auch diver-
se Komponenten, die nur aus Kautschuk gewonnen werden konnten, wie
bestimmte Schmiermittel, Gummischläuche, Dichtungsmaterialien oder
auch Riemen.

In der Außendarstellung, in Werbung und auf Messen, wie beispielsweise in Leipzig 1937, wurden die vorgeblich zivilen Zwecken dienenden Buna-Produkte sowie deren Vorzüge gegenüber Naturkautschuk hervorgehoben.

Wie bei fast allen in Deutschland produzierten synthetischen Stoffen benutzten die Nationalsozialisten auch das Thema „Kautschuk", um sich mit Kritikern auseinanderzusetzen. Auch hierbei stützte man sich auf

Ausstellung von Buna-Produkten auf der Messe in Leipzig, 1937

Aussagen Anton Zischkas, der in seinem 1936 erschienenen Buch „Wissenschaft bricht Monopole" schreibt: „Statt entbluteter, von der Sonne zum Wahnsinn getriebener, durch Einsamkeit toll gemachte Männer, werden langsam gesunde, in ihrer vertrauten Umwelt lebende Facharbeiter Kautschuk herstellen, Schalttafeln und Porzellankocher, Rührwerke und Filterbatterien die Kuliarmeen der Plantagen ersetzen. Kautschuk aus Kalk und Kohle statt „Kautschuk aus Blut", das ist nur ein Baustein zum großen Gebäude der neuen Welt. Aber es ist auch ein Symbol. Frieden und Fortschritt statt Krieg und Raub. Wissenschaft wird das aus einer Utopie zu Wirklichkeit machen. Deutsche Wissenschaft zum nicht geringen Teil, Forscher des Landes, das die anderen mehr denn je dunkler Kriegspläne anklagen."[10]

Plaste und Elaste aus Schkopau – der Chemiebezirk Halle in der Darstellung der DDR

Die Niederlage des nationalsozialistischen Regimes bedeutete für die Chemiestandorte Mitteldeutschlands einen großen Einschnitt. Dabei waren die Ausgangspositionen Leunas und Bunas unterschiedlich. Das Leunawerk war massiv durch Bombenangriffe geschädigt worden und schon vor Kriegsende nicht mehr einsatzfähig, wohingegen es bei den Buna-Werken kaum Kriegsschäden gab. Allerdings litten beide Standorte unter der Beschlagnahmung von Aufzeichnungen, Demontagen sowie der Verschleppung von Fachpersonal. Ein Neustart schien schwierig.

Paradoxerweise waren es aber genau die Versorgungsschwierigkeiten in der Nachkriegszeit, welche zumindest in Leuna eine rasche Wiederaufnahme der Arbeit ermöglichten. Allerdings wandelte sich die Produktpalette. Bedingt durch die Probleme bei der Versorgung der Bevölkerung wurden nun alltägliche Verbrauchsgüter produziert und beworben – eine Vorgehensweise, die auch noch in den folgenden Jahren praktiziert wurde. Das Leunawerk präsentierte sich nicht zuletzt in Abgrenzung zum NS-Staat als ein dem Frieden und zivilen Zwecken dienendes Chemie-Unternehmen zur Herstellung unterschiedlichster Konsumgüter für die Bevölkerung.

Auch das Buna-Werk nahm seine Arbeit schrittweise und mit erweiterter Produktpalette wieder auf. Neben synthetischem Kautschuk kam die Produktion von Kunststoffen auf Polyvinylchlorid-Basis (PVC) hinzu.

„Chemie gibt Brot – Wohlstand – Schönheit". Hinter diesem Slogan verbarg sich ein ehrgeiziges Projekt der SED-Führung aus dem Jah-

Werbung für Haushaltschemie aus Leuna

re 1958 – das Chemieprogramm der DDR. Auf der Chemiekonferenz in Leuna am 3. und 4. November stellten das Zentralkomitee der SED und die staatliche Planungskommission unter Vorsitz von Walter Ulbricht die Weichen für die zukünftigen Ziele der Chemieindustrie der DDR. Bis 1965 sollte die Produktion verdoppelt werden. Was bedeutete diese Zielsetzung für die Leuna- und Buna-Werke und die Region Halle-Merseburg? Zuallererst wurden über umfangreiche Investitionen die Werksanlagen vergrößert und modernisiert. Anstelle der einheimischen Kohle, die bislang als Grundstoff für die mitteldeutsche Chemieindustrie diente, kam es schrittweise zur Verarbeitung von Erdöl und zur Einführung der PVC-Herstellung. Das allein hätte allerdings noch nicht gereicht, um den Anforderungen der Chemiekonferenz nachzukommen. Denn nicht nur die Steigerung der Produktivität, sondern vor allem auch die des Konsums war ein Ziel der SED-Produktionspropaganda. Den DDR-Bürgern musste klargemacht werden, wie präsent Chemie im Alltag sein kann. Deswegen mussten Produkte aus der Chemieindustrie als solche kenntlich gemacht und intensiv beworben werden. Das politische System war für die Propagierung solcher Inhalte sehr geeignet, denn in der zentralisierten und kontrollierten Öffentlichkeit konnten Werbung, Messeveranstaltungen oder Medien ohne Weiteres für diese Zwecke herangezogen werden. Der Rundfunk begann schon zwei Tage nach Ende der Chemiekonferenz, den Wert der Chemie für die DDR-Bevölkerung zu propagieren, wie aus einem Tageskommentar der Wirtschaftsdirektion des Berliner Rundfunks ersichtlich wird: „Die Chemie gibt uns künstliche Düngemittel und hilft, die landwirtschaftlichen Erträge zu erhöhen; sie gibt Kraftstoffe für Industrie und Verkehr, sie gibt neue Werkstoffe, die für manche Erzeugnisse zweckmäßiger und haltbarer sind als teures Holz und wertvolle Metalle. Die Chemie gibt schließlich farbenfrohe, duftige Gewebe, vielerlei formschöne Haushaltsgeräte, eine schillernde Palette bester leuchtender Farben, und nicht zuletzt Hunderte Sorten von Parfum, Creme und Puder."[11]

Im Begleitband zur Chemiekonferenz, der in hoher Auflage erschien, versuchten die Herausgeber, die Abteilung Agitation und Propaganda des ZK der SED, den DDR-Bürgern die Bedeutung der Chemieindustrie und die Intentionen der Chemiekonferenz nahezubringen:

> „Chemie gibt Brot
> Chemie gibt uns künstliche Düngemittel und hilft, die landwirtschaftlichen Erträge zu erhöhen
>
> Chemie gibt Wohlstand
> Chemie gibt Kraftstoff für Industrie, Landwirtschaft und Verkehr, sie gibt Roh- und Werkstoffe für alle Industriezweige und zur Herstellung von Waren des Massenbedarfs
>
> Chemie gibt Schönheit
> Chemie gibt schöne Textilien, vom Perlonstrumpf bis zum Kleiderstoff. Die schöne Gestaltung, die Zweckmäßigkeit und die herrlichen Farben der chemischen Erzeugnisse helfen mit, das Leben schöner und interessanter zu gestalten."[12]

Die Leuna- und Buna-Werke waren Teil der Kampagne. Neben dem Slogan der Chemiekonferenz, der Ende der 1950er/Anfang der 1960er Jahre in verschiedenen Kontexten immer wieder genutzt wurde, stand auch der Werbeslogan „Plaste und Elaste aus Schkopau" exemplarisch für die Bewerbung der chemischen Industrie. Das Spektrum der Werbe-Medien

Buchcover des Dokumentenbandes der Chemiekonferenz von 1958

war breit. Es reichte von kleinen humorvollen comicartigen Aufklebern bis hin zu größeren Auftritten auf der Leipziger Messe, auf denen Fortschritt und Produktvielfalt der Massenwaren demonstriert werden sollten.

Außerdem betätigten sich, wie schon vor 1945 die NS-Gaubehörden, erneut auch regionale politische Akteure, wie die SED-Bezirksleitung

Messestand der VEB Leuna-Werke, 1960er Jahre

Halle, als Konstrukteure von Erzählungen, die auf die Region bezogene Identifikationen stiften oder stützen sollten. Sie beförderten nun natürlich vor allem die Wiederaufnahme eines nach 1933 abgebrochenen Erzählstranges: das Gedenken an die Märzkämpfe des Jahres 1921 und die dabei gefallenen Arbeiter. Während der Herrschaft der Nationalsozialisten hatte dieser Teil der regionalen Erinnerungskultur keine Rolle mehr gespielt. Die NS-Propagandisten charakterisierten den Gau Halle-Merseburg wegen seiner linken Tradition, vor allem auch mit Blick auf die Ereignisse des Jahres 1921, als Region „landfremder Elemente", die es nationalsozialistisch zu befrieden galt. Erst nach 1945 fanden die Märzkämpfe wieder in vielfältiger Weise Beachtung. In der Geschichtsschreibung und Erinnerungskultur der DDR avancierte der „heldenhafte Abwehrkampf der Leunaer Arbeiter" im Jahr 1921 zum festen Bestandteil der proletarischen Erzählung über die revolutionäre Tradition der Region Halle-Merseburg. Es gab keine Veröffentlichung zum Leunawerk in der zeitgenössischen DDR-Literatur, die nicht den Kampf der Arbeiterschaft im Jahr 1921 thematisierte. Der Leunakampf und die durch rechte Elemente der Weimarer Republik und durch „Kapitalisten" hingemordeten Arbeiter hielten die Geschichtspropagandisten der SED für besonders geeignet, „proletarisches Klassenbewusstsein" zu fördern. Wie schon in der linken proletarischen Erinnerungskultur und Traditionspflege der Weimarer Republik standen Opfer, Martyrium und der „ungebrochene Kampfeswille der Arbeiterschaft" im Zentrum der Erzählung. Allerdings ließ die neue politische Konstellation einen sehr viel größeren Erinnerungsrahmen zu, als dies in der Weimarer Republik möglich gewesen wäre. So entstanden beispielsweise ein neuer Gedenkstein in Leuna-Kröllwitz und eine Gedenkstätte am Silo, Bau 140, an dem 1921 inhaftierte Arbeiter gefoltert und ermordet worden waren.

Kranzniederlegung an der Gedenkstädte am Silo, Bau 140

Neben der Errichtung einer neuen und größeren Gedenkstätte erfolgten auch alljährliche Großkundgebungen und Kranzniederlegungen in Anwesenheit von führenden Parteimitgliedern der SED.

Bis zum Ende der DDR galt der „Chemiebezirk Halle" als ein herausragendes Beispiel für die Bewahrung des Erbes „des kämpferischen mitteldeutschen Proletariats" sowie für die „Schaffenskraft der Werktätigen" und den Erfolg des Sozialismus im Arbeiter- und Bauern-Staat. Als Beweise dienten nicht zuletzt die Produktions- und Exportzahlen der als „Made in GDR" deklarierten Erzeugnisse der chemischen Industrie sowie die vielen zehntausend Industriearbeitsplätze. So hieß es in einem 1989 aus Anlass des 40. Jahrestages der Gründung der DDR herausgegebenen Band mit dem Titel „Die DDR im Spiegel ihrer Bezirke": „Die charakteristischen Silhouetten großer Chemiekombinate, die weiten, nicht enden wollenden Braunkohletagebaue und die mächtigen Halden des Kupferschieferbergbaus gehören ebenso ins Bild des Landstrichs wie die neugeschaffenen Boulevards in den Kreisstätten, architektonisch attraktive Neubaugebiete und historische Bauwerke [...] Erste Plätze nimmt der Bezirk Halle bei der chemischen und der Lebensmittelproduktion sowie der Obstproduktion ein."[13]

Leuna und Schkopau: Was ist geblieben?

Im Laufe der Jahrzehnte ist die Geschichte der mitteldeutschen Chemieindustrie immer wieder – und inhaltlich dabei recht vielfältig – an den

Auch nach der Wende ist Schkopau noch von Industrie geprägt, 2015

Beispielen Leuna und Buna erzählt worden. Es steht die Frage, wie sich diese Erzählungen nach dem Systemwechsel von 1990 und dem Auftreten neuer politischer und wirtschaftlicher Akteure wandelten. Da von den etwa 50.000 Chemiearbeitern der DDR langfristig nur wenige ihren Arbeitsplatz behielten, verlor konsequenterweise auch die Chemieindustrie ihre jahrzehntelange Rolle als Hauptarbeitgeber der Region. Gegenwärtig zählt das Personal der Standorte „nur" noch etwa 10.000 Beschäftigte. Trotz dieser tiefgreifenden Veränderungen blieb das Signum der „Chemieregion" erhalten. Sind die Anwohner dieser Fabrikstandorte durch deren Geschichte geprägt worden? War es der Chemieindustrie möglich, innerhalb eines Jahrhunderts auf die Identität, das Selbstbild der Menschen Einfluss zu nehmen?

Um dieser Frage exemplarisch nachzugehen, empfiehlt es sich, die Entwicklungsgeschichte der Ortswappen der beiden Gemeinden Leuna und Schkopau zu untersuchen.

Als Schkopau im Jahre 2004 durch Eingemeindungen umliegender Ortschaften aufgrund einer Verwaltungsreform den Status als Ort mit eigenem Ortswappen verlor und für die Großgemeinde Schkopau ein neues Wappen erdacht wurde, entwickelte die Gemeinde dennoch ein eigenständiges Logo. Dass die Chemie immer noch in den Köpfen der ortsansässigen Menschen verankert sein muss, erkennt man an der Entwicklungsgeschichte des neuen Wappens besonders gut. Die Kommunalverwaltung Schkopaus veröffentlichte auf ihrer Homepage folgende Überlegungen: „Die Elemente des Logos sollten einen Bezug zur Gemeinde Schkopau haben. […] Auf der Suche nach einem Symbol, welches unsere Vergangenheit und Zukunft charakterisiert, sind wir auf das Symbol ‚Plaste und Elaste aus Schkopau' (mit Buna-Kolben) gestoßen. […] Die Farbzusammenstellungen sind nicht zufällig gewählt. Die beiden zentralen blauen Flächen sollen die Gewässer symbolisieren, an die landwirtschaftlichen Flächen (gelb) und Wiesen und Wald (grün) angrenzen. Das Logo charakterisiert die Verbindung zwischen der Wirtschaft und der Natur in unserer Gemeinde."[14]

Entwicklung und Wandel von Ortswappen waren schon immer ein gutes Indiz für regionale Identitäten. Auch das neue, 1996 genehmigte Wappen des Ortes Leuna lässt Rückschlüsse auf den Chemiestandort zu. So heißt es auf der Homepage der Stadt zur Entstehungsgeschichte des neuen Wappens: „Der auf silbernen Grund schwarzgefugte rote Schornstein symbolisiert das Leuna-Werk (chemische Industrie) als herausgenden und die Stadt prägenden Industriestandort. […] Die Farbe Grün bezieht sich auf Leuna als Gartenstadt, denn so wurde ursprünglich die Stadt geplant und gebaut. Der heraldische Pflug auf der Mauer ist das Symbol für die Landwirtschaft."[15]

Zwar ist die Chemieindustrie immer noch ein fester Bestandteil der regionalen Identität, letztere wird aber durch andere Facetten stark erweitert. Die Gemeinde Leuna versucht sich heute als ein touristisch lohnendes Ziel zu präsentieren, so etwa als ein Ort mit einer Jahrtausende währenden Siedlungsgeschichte und als Teil der „Straße der Romanik". Darüber hinaus werden seitens der Gemeindeleitung die grüne Gartenstadt und die Nähe zum Bauhaus hervorgehoben.

„Einst ein Synonym für geschundene Umwelt, zeigt sich die Stadt an der Saale heute als grüne Oase und architektonisches Kleinod. […] Leuna, das ist Wohnen im Grünen mit einem hochmodernen Industriestandort in direkter Nachbarschaft."[16]

Es bleibt also festzuhalten, dass die Chemieindustrie trotz ihrer noch nicht einmal hundertjährigen Existenz die Region stark geprägt hat. Allerdings ist die regionale Identität nicht ausschließlich auf diese bezogen, denn auch Natur, Kultur und der traditionell vorhandenen Landwirtschaft werden in Leuna und Schkopau große Bedeutung zugemessen.

Anmerkungen

1   Leuna-Werke GmbH (Hg.): Leuna. Metamorphosen eines Chemiewerkes, Halle 1997, S. 47.

2   Hans Sachs: Das Leunawerk, ein Wunder deutscher Technik, in: Velhagen & Klasings Monatshefte, Bielefeld 1923.

3   Rotfront – Neues Kampfliedbuch, Berlin 1925.

4   Berta Lask: Leuna 1921. Drama der Tatsachen, Berlin 1927, 8. Szene.

5   Hans Flohr: Der Gau Halle-Merseburg – das Laboratorium der Welt, in: Das Buch der Deutschen Gaue. Fünf Jahre nationalsozialistische Aufbauleistung, Bayreuth 1938, S. 150–153, hier S. 151.

6   Ebd.

7   Ebd., S. 153.

8   Kurt Freiwald: Leuna, in: Mitteldeutsche Nationalzeitung, Sonderbeilage vom 8. August 1936.

9   Anton Zischka: Der Ölkrieg. Wandlung der Weltmacht Öl, Leipzig 1939.

10 Anton Zischka: Wissenschaft bricht Monopole, Bern/Leipzig/Wien 1936, S. 182.

11 Auszug aus dem Tageskommentar der Wirtschaftsredaktion des Berliner Rundfunks von Alfred Stephan vom 6. November 1958, zit. nach: DRA-Spezial: „Chemie gibt Brot, Wohlstand und Schönheit". Die Rolle der chemischen Industrie in der Wirtschaft und im Alltag der DDR. Ausgewählte Fernseh- und Hörfunkproduktionen der DDR, Nr. 18/2008, S. 3, online: www.dra.de/online/hinweisdienste/spezial/2008/dra-spezial_18_chemie.pdf (05.03.2012).

12 ZK der SED, Abt. Agitation und Propaganda und Abt. Bergbau, Kohle, Energie und Chemie (Hg.): Chemie gibt Brot, Wohlstand, Schönheit, Begleitband zur Chemiekonferenz, Berlin (Ost) 1958.

13 Hans Jürgen Greye/Gerd Lehmann: Halle, in: Werner Ostwald (Hg.): Die DDR im Spiegel ihrer Bezirke, Berlin 1989, S. 159–179, hier S. 159 f.

14 Logos der Gemeinde Schkopau, online: www.gemeinde-schkopau.de/index.php?id=166053000455&cid=166053002065 (05.02. 2012).

15 Stadtwappen, online: www.leuna-stadt.de/index.php/leunaer-stadtwappen.html (05.02.2012), aktuell: Stadtwappen, online: www.leuna-stadt.de/tourismus/allgemeines/stadtwappen/ (08.07.2016).

16 Kurzchronik, online: www.leuna-stadt.de/index.php/kurzchronik.html (05.02.2012), ähnlich auch in: http://geiseltal-tourismus.jimdo.com/städte/leuna/ (06.09.2016). Aktuell: Rückblick, online: www.leuna-stadt.de/tourismus/allgemeines/rueckblick/Gartenstadtprinzip, online: www.leuna-stadt.de/tourismus/allgemeines/gartenstadtprinzip/ (08.07.2016).

▊ Danksagung

Unser Dank gilt der Landeszentrale für politische Bildung Sachsen-Anhalt für die Förderung des Projektes und den Mitarbeiterinnen und Mitarbeitern des Mitteldeutschen Verlages für die gute Zusammenarbeit. Ohne diese Kolleginnen und Kollegen hätte das Vorhaben nicht realisiert werden können.

Bedanken möchten wir uns aber auch für die freundliche Unterstützung und die Bereitstellung von Materialien bei folgenden Institutionen und Personen: Deutsche Nationalbibliothek Leipzig, Stadtarchiv Magdeburg, Technikmuseum Magdeburg (Herr Unger), Thomas Lutze (Privatarchiv), Stadt und Stadtarchiv Mücheln (Herr Storch), Zentralwerkstatt Pfänner-hall/Braunsbedra, Interessen- und Förderverein Geiseltalsee e. V., Staatsbibliothek Berlin – Preußischer Kulturbesitz, Stadtarchiv Eisleben (Gabriele Weise), Mansfeld Museum Hettstedt, Landesarchiv Sachsen-Anhalt, Abteilung Merseburg.

Marina Ahne und Monika Gibas

Herausgeberinnen, Autorinnen und Autoren

Marina Ahne, M. A. Europäische Kulturgeschichte
Nadine Arndt, M. A. Europäische Kulturgeschichte
Steffen Dobin, M. A. Europäische Kulturgeschichte
Monika Gibas, Dr. sc. phil, Historikerin
Tony Hannig, M. A. Europäische Kulturgeschichte
Julia Meyer, M. A. Europäische Kulturgeschichte
René Hempel, B. A. Kulturwissenschaften
Konstanze Soch, M. A. Europäische Kulturgeschichte

▓ Abbildungsnachweis

Th. Ahbe: S. 113, 116, 118

Buna der deutsche Kautschuk. Erläuterung zu dem gleichnamigen Anschauungsbild (Bilder zum Neuaufbau von Staat und Wirtschaft, 5), Leipzig 1937: S. 132

Das Buch der Deutschen Gaue. Fünf Jahre nationalsozialistische Aufbauleistung, Bayreuth 1938: S. 128

Deutsche Nationalbibliothek Leipzig: S. 17, 24, 35, 37, 83, 86, 91, 101, 135

Fotoarchiv M. Hauche: S. 106, 107 o., 107 u., 108, 112

Gedenk- und Erinnerungsstätten der Arbeiterbewegung im Bezirk Halle, Halle 1982: S. 102

Geschichte des VEB Leuna-Werke „Walter Ulbricht" 1916 bis 1945, hg. von der Kreisleitung der SED des VEB Leuna-Werke „Walter Ulbricht", Leipzig 1989: S. 127, 137

Golpa-Zschornewitz im Wandel der Jahrhunderte, Bad Schmiedeberg/ Halle 1927, Abbildungsteil, Tafel 5: S. 21

Hallische Nachrichten, Sonderausgabe zum Laternenfest in Halle (Saale) 1936: S. 104

Toni Hannig: S. 88 u., 92 u., 92 o., 93

Norbert Hellmann: 50 Jahre Leuna. Tradition-Leistung-Perspektive. Teil II: Wissenschaftliche Beiträge, Leuna 1966: S. 136

https://commons.wikimedia.org: S. 97 (Foto: Clemens Franz), 110 (Foto: Lysippos), 138 (Foto: Olaf Meister)

Landesarchiv Sachsen-Anhalt, Abt. Magdeburg: S. 62

Landesarchiv Sachsen-Anhalt, Abt. Merseburg: S. 74, 77, 123, 124 o., 131, 133

Leuna-Kraftstoff-Handbuch, 1938: S. 129

Privatarchiv Monika Gibas: S. 110 o., 115

Privatbesitz Marina Ahne, Magdeburg: S. 63

Privatbesitz Maik Hattenhorst, Magdeburg: S. 57, 60

Privatbesitz René Hempel, Magdeburg: S. 64

Privatbesitz Thomas Lutze, Magdeburg: S. 46, 52

Privatbesitz Sabine Ullrich, Magdeburg: S. 61

Stadtarchiv Lutherstadt Eisleben: S. 99

Stadtarchiv Magdeburg: S. 48, 50, 53, 55, 56, 66

Stadtarchiv Mücheln: S. 75, 76 o., 76 o., 79, 80 l., 80 r., 81 o., 81 u., 88 o., 89

Technikmuseum Magdeburg (Archiv): S. 49, 68

Velhagen & Klasings Monatshefte, Bielefeld 1923: S. 124 u.

Ebenfalls im Mitteldeutschen Verlag erschienen

Hans Otto Gericke
Die Elektrizitätsversorgung in Sachsen-Anhalt
Ein Abriss der regionalen Entwicklung von den Anfängen bis 1946/47

400 S., geb., mit s/w-Abb. und Tabellenanhang
ISBN 978-3-89812-861-2

Auf Basis umfangreicher Quellenauswertungen stellt Hans Otto Gericke die Entwicklung der Elektrizitätsversorgung in der Provinz Sachsen und dem Land Anhalt als wichtigen Teil der Gesamtentwicklung in Deutschland dar. Das Untersuchungsfeld bezieht sich von den Anfängen der Starkstromnutzung ausgangs der 1870er Jahre über die 1917 gegründete Elektrizitätsversorgung Sachsen-Anhalt A.-G. (ESAG) bis zu deren Umwandlung in die Provinzialsächsischen Energie-Versorgungs-Aktien-Gesellschaft (Prevag) 1946/47.

Ein zentrales Anliegen des Autors besteht darin, den Aufstieg des Gebietes in den 1920er Jahren zu einem neuen bedeutsamen Energiezentrum Deutschlands herauszuarbeiten. Für die Zeit 1933–1945 steht dagegen die Forcierung der Energiewirtschaft für die Zwecke der Rüstung und des Kriegsgeschehens im Mittelpunkt, wobei die Darstellung abschließend auch die Nachwirkungen bis 1946/47 erfasst.

www.mitteldeutscherverlag.de